오프 먼트

일러두기

- 이 책에 등장하는 사례는 당사자에게 사전 동의를 받았습니다.
- 책에서 중요하게 다룬 키워드나 메시지는 볼드 처리했습니다.
- 맞춤법은 국립국어원 표준국어대사전을 원칙으로 따르되, 책의 전체적인 분위기를 고려해 저자의 입말을 고려한 표기를 살려두었습니다.
- 책은 《 》로, 영화, 잡지, 노래가사, 텔레비전 프로그램명 등은 〈 〉으로 표기했습니다.

오프 먼트

일과 삶에서 스스로 스위치를 끄고 켜는 힘

장재열 지음

OFF-MENT

큰숲

추천사

간절히 바라면 이루어진다는 그 달콤한 말을 나는 믿지 않는다. 싫어한다. 애쓸수록 바라는 모습에서 멀어지는, 그래서 계속 고통받는 이들을 자주 만나기 때문이다. 한계까지 자신을 몰아붙이며 쉴 틈 없이 노력하지만 안타깝게 실패로 이어질 때가 훨씬 더 많다. 삶은 그렇게 간단하지 않기 때문이다.

많은 순간에 역설적인 것이 우리의 삶이다. 공부도, 일도, 운동도, 대인관계도 힘을 빼야 잘된다는 말을 건네지만, 결연한 의지에 불타는 그들의 마음에는 잘 전달되지 않는다. 그저 자신의 노력이 부족했기 때문이라고 자책하며 번아웃으로 이어지는 사이클을 재차 돌린다.

그런 사람들이 뒤바뀔 때 내뱉는 마법 같은 말이 있다. "어떻게든 되겠죠." 그 이후 더 능률적으로 공부하고, 시험에 합격하고, 취업에 성공하는 이들을 수없이 봐왔다. 그렇게 마음에서 힘을 뺄 수 있도록 체계적이고 실질적인 방법을 안내해 주는 이 책의 등장이 너무도 반갑다.

— **김지용** (정신의학전문의, 유튜브 〈정신과의사 뇌부자들〉 운영자)

쉬어도 쉬어도 회복되지 않는 것처럼 느껴질 때, 우리는 번아웃을 의심하게 됩니다. 그런데 도대체 어떻게 쉬라는 걸까요? 번아웃 후기를 담은 책들을 보면 대부분 퇴사를 이야기하지만, 퇴사할 수 없는 상황이라면 어떻게 해야 할까요?

《오프 먼트》는 퇴사하지 않고도 지금의 일상에서 '쉴 틈'을 만들어가는 방법을 현실적이고 구체적으로 알려주는 책입니다. 단순히 '욕심을 내려놓고 마음 편히 먹어'라고 말하는 대신, 긴장된 상태를 어떻게 풀고 진짜로 충전되는 휴식을 찾을 수 있는지 세심하게 안내합니다.

아무리 휴대폰을 붙들고 있어도 도무지 쉰 것 같지 않은 '가짜 휴식'에 빠진 분들께 이 책을 추천합니다. 일상에서 짧지만 제대로 쉬는 경험이 우리의 삶을 얼마나 달라지게 하는지, 이 책을 통해 직접 느껴보시길 바랍니다.

— **이서현** (심리학자, 서늘한여름밤)

우리는 자주 멈추지 못하고 소진을 향해 달려간다. 스스로를 지키기 위해 내려놓아야 할 때가 있다는 것을 알면서도. 그래서 삶에도 일종의 운전 보조 장치 같은 것이 있으면 좋겠다. 부딪히지 않으려면 여기서 멈추어야 하고 여기서는 속도를 낮춰야 한다고 말해주는 그런 장치. 그렇지만 운전하는 것은 결국 자신의 몫이지 않은가?

그 장치의 역할을 스스로 할 수 있게 돕는 것이 이 책의 미덕이다. 왜 우리가 때로 내려놓아야 하는지, 어떻게 해야 잘 멈출 수 있는지, 다른 사람들은 이런 어려움과 어떻게 마주했는지 따라가다 보면 스스로를 위해 멈출 수 있는 용기를 찾게 된다.

— 윤덕원 (브로콜리너마저)

힘든 사람에게 "힘내"라는 말은 약이 되지 못한다. 쫓기듯 사는 사람에게 "천천히 해"라는 말은 답이 되지 못한다. 힘과 여유가 이미 없는 상태이기 때문이다.

《오프 먼트》는 그들에게 가만히 손 내민다. 자책의 자리에 자각自覺을 두고, 극복이 있던 곳에 회복이 피어나게 한다. 이를 위해 장재열은 '내려놓음'을 이야기하는데, 관성화된 생활 방식을 내려놓는 것은 역설적으로 나를 올려놓는 일이기도 하다. 그래서

《오프먼트》는 나와 내가 마침내 만나는 책이다. 타인의 시선과 과중한 업무에서 벗어나 아주 잠시 나를 중심에 두도록 한다.

어둠 속에서 빛이 발하는 것처럼, 어떤 순간에는 '온' 힘을 다해 '오프' 버튼을 눌러야 한다. 끝없이 애쓰는 대신, 사랑 애愛를 써서 나를 받아들여야 한다. 거기에 나의 삶이 있다.

― **오은** (시인)

여러분은 몇 가지나 해당하나요?

○ 바쁜 것만 끝내놓고 쉬어야지 하지만 정작 쉰 적은 없다.

○ 나는 진짜 노력했는데 정작 나보다 덜 노력한 것 같은 사람이 더 나은 결과(인사 고과, 시험 성적 등)를 받아서 허탈할 때가 있다.

○ 그런 사람을 보면서 재능이 뛰어나거나, 아부를 잘했다 싶어 현타 온 적이 있다.

○ 일뿐만 아니라 일상에서도 과부하가 걸릴 때가 많다.

○ 오늘 할 일이 얼마나 많든 못하면 불안하다.

○ 오늘 일을 끝내면 내일 할 일을 당겨 미리 한다.

○ 타인의 시선에서 자유롭기 힘들다.

○ 인정 욕구가 강한 편이다.

○	최소한 못한다는 소리가 듣기 너무 싫어서 어떻게든 나를 갈아 넣는다.
○	하루에 1번도 하늘을 쳐다보지 못할 때가 있다.
○	언제 웃었는지 기억나지 않는다.
○	문득문득 멍해지고 공허감이 든다.
○	일상에서, 회사에서 자꾸 억울하고 화가 치밀 때가 있다.
○	피로와 소화 불량을 늘 달고 산다.
○	정신없이 보낸 하루 끝에 뭔가 아쉬워서 새벽까지 유튜브를 보다가 늦게 잔다.

다음 내용 중 해당하는 항목에 ✓ 표시를 해볼까요?
만약 4가지 이상 해당한다면,
그리고 지금의 삶에 뭔가 변화가 필요하다고 느껴진다면,
이 책을 펴서 변화의 여정을 함께해 주세요.

목차

프롤로그
완전히 지쳐 나가떨어지기 전에, 잠깐 멈추는 시간이 필요합니다   **015**

PART 1 왜 애쓸수록 바라는 모습에서 멀어지는 걸까요?

입대 코너에 몰린 3수생, 7수를 결심했더니 정작 합격해 버렸다?	**031**
40대에 얼굴이 좋아진 이유 "어떻게든 되겠지, 뭐!"	**044**
목표가 아닌 강박 떨쳐내기	**063**
애만 쓰던 방식에서 살짝 시선을 비틀면 보이는 것	**078**
애쓸수록 더 안 되고, 내려놓을수록 더 잘되는 이유	**081**
당신의 미래 예측은 대부분 틀릴 거예요 — 나리 씨 이야기	**086**
똥인지 된장인지 찍어 먹어봐야 아는 때도 있는 법이니까 — 경호 씨 이야기	**094**

PART 2 무엇을 위해, 왜 그렇게까지 애쓰는 걸까요?

"너, 대체 왜 그러고 살아?"	113
내려놓음의 첫걸음, 감정을 충분히 토해내기	122
버려질 뻔한 긴쓰기 도자기가 비싼 이유	129
내가 내 무덤을 파는 걸까, 환경이 나를 이렇게 만든 걸까?	134
왜 그렇게까지 애쓰는지 구조적으로 바라보기	144
핵심 감정을 찾는 연습, 인생에서 가장 피하고 싶은 장면은?	155
매 순간 브레이크를 반쯤 밟고 살아간다는 것 — 브로콜리너마저 윤덕원 씨 이야기	170
자기만의 '숨 쉴 틈'을 가지고 있는 사람들	184
때로 우리에게 필요한 건, 너무 많이 생각하지 않는 것 — 지민, 윤범 씨 이야기	187

PART 3 애쓺을 내려놓은 빈자리에 에너지가 채워지는 시간 '오프 먼트'

빈손으로 걸어본 적이 언제인가요?	**201**
딱히 재미있어서 보는 것도 아닌데, 유튜브만 보는 당신에게	**212**
휴식은 사치라던 마거릿 대처, 그녀의 몰락을 예견한 영국 공주의 한마디	**216**
당신에게는 오프 먼트가 있나요?	**221**
39살 장재열, 위암을 선고받고 나서야 깨달은 '내가 놓친 것'	**224**
나의 장례식 체험기 — 주원 씨 이야기	**230**
나를 온전히 내려놓는 이완의 시간 찾기	**235**
이완과 회복의 장소, '케렌시아' 만드는 방법	**250**
의식적 혼자 있기의 중요성 — 은경 씨 이야기	**259**
오프 먼트를 재몰입의 시간으로	**276**
내려놓음이 죽어도 안 될 땐, 스케줄로 인식하기	**296**

오프 먼트를 가장 먼저 경험한 첫 독자의 편지
"여러분의 일상이 조금은 편안해지기를"　　　　　　　　　　　**301**

에필로그
애쓰며 살아온 순간, 내려놓으며 살아갈 순간,
그 모든 순간을 거쳐 당신이 꼭 만날 순간　　　　　　　　　　**309**

프롤로그

완전히 지쳐 나가떨어지기 전에,
잠깐 멈추는 시간이 필요합니다

책 준비가 막바지를 향하던 어느 여름, 저의 PT 트레이너이자 애독자인 문 선생님이 물었습니다.

"회원님, 다음 책 제목은 뭔가요?"

그때까지 제목이 정해져 있지 않아서 일단 주제부터 주절주절 이야기를 했지요.

"음… 일단 주제는 내려놓음인데요. 그런데 내려놓음이라고 해서 100점이 목표인 사람에게 80점으로 낮추자는 말을 하는 건 아니고요. 태도로서의 내려놓음에 대한 건데… 쉽게 말하면, 왜 간절한 목표가 있거나 언제까지 이걸 꼭 되게 해야겠다는 마음이 클수록 불안함이나 조바심이 들잖아요. 그러다 보면 지금도 나름 열심히 사는데 왠지 이 정도로는 부족한 것 같아서 자신을 너무 혹사하다가 정작 목표를 이루기 전에 번아웃이 와서 퍼져버리더라고요. 상담하면서 그런 분들이 제일 안타까운 거예요. 그래서 그런 분들한테 내가 어떤 심리 때문에 이렇게 애쓰면서 사는지 돌아보고, 불안감인지 조바심인지 착한 사람 콤플렉스인지 그걸 좀 구분하는 연습을 돕는 책이에요. 그리고 그 감정에 잡아먹히지 말고 적재적소에 할 땐 하고 멈출 땐 멈추는 습관을 들여서, 지치지 않고 목표까지 쭉 가게 돕는 거죠."

이야기를 듣던 문 선생님은 한마디로 딱 깔끔하게 정리하더라고요.

"그러니까, 쉽게 말해서 페이스 조절이라는 거죠?"

"헉! 맞아요, 선생님. 뭐야 한 단어로 정리가 되네? 왜 이렇게 똑똑해요."

그는 멋쩍게 웃으며 말했습니다.

"아니 저도 늘 신경 쓰는 포인트라서 와닿네요. 올해도 대회 준비하면서 제일 경계한 게 바로 그거였어요. 조금만 더 할까? 하는 마음을 누르는 거요."

문 선생님은 수업만 하는 전업 트레이너가 아닌 현역 보디빌더인데요. 얼마 전 전국 규모의 대회에서 최고상인 그랑프리를 수상하면서 자신이 세운 아주 중요한 인생 목표 중 하나를 달성했습니다. 그런데 그 큰 성취를 이룰 수 있었던 가장 중요한 비결이 바로, '이 정도 운동량으로 괜찮나? 조금만 더 할까?'라는 유혹을 떨쳐낸 거였대요. 전국 대회 1등이 목표면, 불안할 수 있잖아요. 경쟁자가 얼마나 운동하는지 볼 수가 없으니까요. 그러면 자연히 그날 해야 할 만큼의 운동량을 이미 채웠는데도 더 하려는 마음이 생길 수 있고요.

하지만 그 불안감이 엄습할 때 운동 기구를 잡는 대신, 손을 딱 떼고 집에 가는 게 제일 어렵고도 중요한 과제였대요. 오버 페이스가 독이라는 걸 지난 대회에서 몇 번이나 경험했기에 스스로 스위치를 꺼야 할 때 끄는 게 무엇보다 중요하다는 걸 깨달은 거죠. 결국 그런 오프 할 줄 아는 시간이 쌓여서 그는 꿈에 그리던 그랑프리 메달을 목에 걸었습니다. 얘기를 듣던 저는 고개를 격하게 끄덕이며 말했어요.

"맞아요, 선생님! 제 책의 핵심이 바로 그거예요. 와. 선생님은 원고를 안 봤는데 본 사람 같으시냐."

그는 씨익 웃으며 말했지요.

"목표를 이루어본 사람들은 다 비슷하지 않을까요? 더 하는 것보다 덜 하는 게 어렵죠, 원래. 그런데 회원님, 심리학 책 쓰시잖아요. 근데 그 멈추는 게 심리학적으로 그냥 마음먹는다고 될까요? 아주 독하게 마음먹지 않으면 안 될 텐데."

"맞아요. 우리가 모두 선생님처럼 전국 대회 챔피언 같은 멘탈은 아니니까요. 그래서 저는 멈출 때 멈추는 걸 습관화할 수 있도록 아예 뭔가 환경 세팅이나 실천 방법을 좀 담아볼까 해요. 왜 환경이 갖춰지면 그래도 사람이 좀 하게 되잖아요."

네, 제가 이 책을 통해 여러분과 함께하고 싶은 경험은 딱 이게 다랍니다. 오버 페이스를 멈추고, 나를 무리하게 만드는 마음의 원인을 찾아 그걸 내려놓고, 페이스를 조절하면서 꾸준히 지속 가능하게 살아가는 것. 그래서 끝끝내 여러분이 원하는 것을 얻을 수 있도록 돕는 것.

그나저나 인사가 늦었지요? 반갑습니다. 참 잘 오셨어요. 저는, 여러분이 덜 애쓰고, 더 많은 것을 경험하면서 살길 바라는 상담가 겸 작가, 장재열입니다.

저는 지난 12년 동안 약 4만 5천여 명의 사람들을 상담하며, 한국 사회를 살아가는 우리의 마음, 그중에서도 '너무 많이 애쓰며 살다가 지쳐버린 마음'에 주로 귀 기울여왔어요. 제가 그렇게 살아왔고, 완전히 지치고 병들고, 너무 힘겨웠고, 그래서 '내가 사랑하는 누구라도 이런 일을 덜 겪었으면'하는 마음으로 상담가가 되었거든요. 물론, 다 읽을 때쯤 저의 친구가 되어 있을 여러분도 포함해서요. 그나저나 앞서 설문지를 하나 보여드렸는데요.

혹시 그중에서 몇 개나 해당이 되셨나요?
그리고 가장 내 이야기 같은 항목은 어떤 것이었나요?
그 내용을 가만히 들여다보니 어떤 마음이 드셨어요?
어쩐지 나 자신을 너무 혹사하면서 살아온 건 아닌가, 그런 생각이 들진 않으셨나요?

그 마음들을 가만히 바라보면서 나에게 지금 필요한 것은 무엇이라고 느끼셨나요? 사실 위로나 공감, 힐링도 물론 필요할 거예요. 그리고 이 책을 읽으시면서 자연히 그러한 감정도 느끼게 되실 거라고 믿습니다. 하지만 저는 근본적으로는 늘 이렇게 생각해요. '마음이 변하는 건 위로로 충분하지만, 삶 전체가 변화는 건 반드시 행동이 필요하다'라고요.
그래서 이 책은 여러분이 바로 그 '행동'을 습관화할 수 있도록 도울 거예요. 어떤 행동이냐고요? 조금 덜 지치고, 덜 일하면서도 역설적으로 더 많은 것을 이루며 살아갈 수 있도록 '적재적소에 딱 멈추는 행동' 그리고 '불안감에 무작정 휩싸여 급발진하기 전에, 왜 이러는지 들여다볼 수 있는 분석' 그리고 '자신에게 꼭 필요한 회복법을 설계하고 제공하는 노하우' 3가지 정도겠네요.

그런데 여기서 다시 한번 강조해야 할 부분이 있어요. 페이스 조절을 하며 살기 위해 가장 중요한 태도인 '내려놓음'은 이 책 전반에 걸쳐 아주 중요하게, 자주 등장할 단어인데요. 앞서 트레이너 선생님과의 대화에서도 언급했듯, **이 책에서 말하는 내려놓음은 절대로 목표 하향, 안분지족의 의미가 아니라는 점입니다.** '100점을 맞고 싶은데, 80점에 만족하자'라는 마음은 지양합니다. 여러분에게 100점이라는 목표가 있다면, 저는 반드시 여러분이 그 목표를 이루길 바랍니다. 꼭 점수나 합격 불합격이 아니라도 꿈꾸던 장면 무엇이든, 인생에서 꼭 경험하시면 좋겠어요. 포기하지 말고요.

다만, 그걸 얻기 위해서 우리가 해야 할 노력이 꼭 '밤을 새우고, 나를 몰아세우며 애쓰고, 자기를 갈아 넣는, 오버 페이스로 달리는 것'일지는 한번 다시 생각해 보자는 겁니다. '다른 접근법'이 있을 수도 있거든요. 오히려 일상 중간중간에 적절한 숨 쉴 틈을 만드는 '태도로서의 내려놓음'이 목표를 이루는 데 도움이 되진 않을지 시선을 비틀어볼 거예요. 그리고 저는 이 책에서 그 내려놓음의 태도를 이론적으로만 말하지 않고 일상에 적용해 삶을 바꾸어나가도록 '오프-모먼트Off-Moment(이하 오프 먼트)'라고 이름 붙여 구체적이고 실질적인 방법으로 제시하고자 합니다.

오프 먼트는 온 앤 오프On-And-Off라는 단어에서 착안한 건데요. 그러니까 조명 스위치를 켜고 끄듯이 우리의 머릿속에서 일과 삶의 스위치를 켰다가 끄는, 그것을 스스로 조절하는 힘을 기르는 시간을 말합니다. 일상과 일 사이에서 균형을 잡으려면, 일할 때 잘 몰입하고On, 일이 끝나면 잘 벗어나야Off 하지 않을까요? 열심히 애쓰다가도 하루 잠깐씩 멈추는 '오프Off 순간Moment'을 우리 자신에게 선사한다면, 그 순간이 곧 목표까지 향하는 긴 여정 사이사이에 '숨 쉴 틈'이 되어줄 겁니다. 그 틈을 어떻게 만드냐고요? 어렵거나 복잡하지 않습니다. 저와 함께 이 책을 따라가면서, 3가지 질문을 나 자신에게 던져보고 그 안에서 나만의 답을 찾아가면 됩니다.

1번째 질문은 이겁니다. **"왜 애쓸수록 바라는 모습에서 멀어질까?"**

물론 애를 쓰고 밤을 새워서 원하는 바를 성취한 경험도 분명히 있을 거예요. 저도 있고요. 하지만 문제는 이것만 방법은 아닌데, 사람은 아무래도 자기가 경험한 바를 토대로 생각하고 판단하잖아요. 애쓰는 방식으로 성공한 경험이 있는 분들은, 모든 생의 과업에서 어려움을 느낄 때 "노력을 더 하면 해결될 거다"로 빠지는 경우가 많습니다.

하지만 이상하게 애쓸수록 더, 더, 더 안 되는 순간들이 있습니다. 늘 모범생에 핵심 인재로 살아온 주변 친구들이 육아라는 노력으로 안 되는 순간에 절벽 같은 막막함을 느끼기도 하고, 사랑이나 대인관계 같은 변수 가득한 순간도 그렇지요. 일도 마찬가지입니다. 전 직장에서는 최고의 에이스이던 내가 이직하고 영 마땅치 않을 때, 새로운 조직의 소통이나 일하는 방식을 살피기보다 '더 많이 해서 나를 입증하자!'라는 생각에 빠지는 경우도 많죠. 하지만 그런 노력으로도 벽에 부딪혔다면, 잠깐 질문을 통해 자신의 시야를 살짝 넓힐 수 있도록, 지금까지의 고정 관념을 비틀어볼 겁니다.

2번째 질문은, "무엇을 위해, 그렇게까지 애쓰는가?"입니다.

사실 우리가 애쓰는 이유가 뭐겠어요. 하나예요. 원하는 목표를 달성하기 위해서, 원하는 삶을 살기 위해서겠지요. 하지만 우리는 그 목표, 그러니까 '무엇'을 착각할 때가 있어요. A라는 모습에 닿기 위해서 열심히 노력한다고 생각했는데 사실은 그 A라는 목표가 잘못 설정됐을 수도 있고, 정말 애쓸 수밖에 없는 상황이라고 믿어 의심치 않던 순간들이 실은 그렇지 않을 때가 있는 겁니다.

가령, 가정을 위해 더 많은 시간 오로지 일만 죽어라 했는데 오히려 그 기나긴 부재 때문에 가족과 멀어진 한 아버지를 본 적이 있습니다. 남들에게 폐 끼치는 게 죽기보다 싫어서 늘 뭐든지 다 잘 해내려 애썼는데, 크게 무너져서 팀에 완전히 큰 민폐를 끼치고 자책하는 과장님도 보았지요. 왜 그토록 과도하게 애를 쓰냐고 물어도 스스로 답을 잘 몰랐습니다. 왜냐하면 내 마음을 깊이 들여다봐야만 발견할 수 있는, 나를 애쓰게 만드는 **핵심 감정**이 따로 존재할 수 있기 때문입니다.

이 책에서는 그걸 저와 함께 찾아가는 게 바로 2번째 순서입니다. 질문에 답해 나가다 보면, 어느 순간 우리는 '어? 애쓰는 것만이 최선은 아니었구나?'라는 결론에 도달하게 될 겁니다. 애쓰지 말라는 것이 아니라, 애쓰는 순간이 필요하듯 애쓰지 않는 순간도 필요하고, 오히려 **힘을 빼고 내려놓아 버릴 때 더 잘 풀리는 이유와 원리**도 알게 되는 거죠.

그리고 나서 나 자신에게 던질 마지막 질문은 이겁니다. **"당신에게는 오프 먼트가 있나요?"**

아마 '잘 모르겠다' 하실 분들이 더 많을 텐데요. 습관이 중요하다는 건 다 아실 겁니다. 애쓰며 살아가는 태도가 만성처럼, 습관처럼 되어버린 분들에게 필요한 건, 그만큼 이완하는 습관을 만드는 과정입니다. 몰아쳐서 일하는 순간에 잠깐 짬을 내든, 일을 마치고 일상으로 돌아온 순간에 고요히 집중하든, 우리는 살짝 힘 빼고 완전하게 생각과 스트레스에서 벗어나는 시간을 가져야 합니다. 이 책에서는 단순히 그 시간을 가지기 위해 마음가짐을 바꾸라고 말하지 않고, 진짜 지금 당장 일상에서 그 시간을 만들어볼 수 있도록 간단한 '실천법'을 함께 소개해 드릴 거예요.

정말 얼마 안 걸립니다. 하루 5분? 10분? 그러니 부담 없이 살짝 시작만 해보는 겁니다. 그 과정을 통해 저는 여러분이 일상에서 잠깐이라도 자신만의 '오프 먼트'를 만들고, 몸과 마음을 충전하시길 빌어요. 그리고 난 뒤 그 충전된 에너지로 다시 일터에서든 가정에서든 더 재몰입을 잘하고 최선을 다해 더 좋은 성취를 이뤄내는, 선순환의 삶으로 나아가기를 진심으로 바랍니다. 쉽게 말해 200%의 에너지로만 성취를 얻던 삶에서 80%만 에너지를 써도 같은 혹은 그 이상의 성취를 이뤄내는 경험을 해보셨으면 해요. 이 내려놓음의 여정을 저와 함께 끝내고 나면, 우리는 덜 애쓰는데도 오히려 더 분명히 바라는 모습에 도달할 수 있는 사람이 될 거예요.

자, 이제 본격적으로 시작할 텐데요. 꼭 '변화하겠다!!'라고 각 잡고 결심하는 느낌 말고요. 힘 빼고 산책하듯 책의 내용을 슬렁슬렁 따라만 오시면 됩니다. 책을 읽는 순간조차도 내용을 따라가려고 오버 페이스로 달리시면 안 돼요. 속독 안 됩니다! 아시겠죠? 향긋한 디퓨저가 어느새 기분 좋게 방 안을 다른 공기로 채우듯, 이 책에 자연스럽게 스며드시면 좋겠습니다. 책 속 다양한 사례자의 이야기를 만나다 보면 후반부쯤에 이르렀을 때 나도 모르는 새에 조금씩 변하고 있을 겁니다. 애쓰지 않아도 말이죠.

자, 그러면 시작해 볼까요? 첫 순서는 제 이야기입니다.

PART 1

왜 애쓸수록 바라는 모습에서
멀어지는 걸까요?

입대 코너에 몰린 3수생, 7수를 결심했더니 정작 합격해 버렸다?

2005년, 3수생인 저는 늘 불안에 쫓기고 있었어요. 친한 친구들은 대부분 대학에 갔고, 제가 목표한 서울대에 들어간 친구들도 여럿 있었거든요. 저는 꼭 서울대에 가고 싶었어요. 어린 시절 11년 가까운 학교 폭력을 당하면서, 그 가해자들이 연세대, 고려대를 갔기 때문에 뭔가 한이 맺혔던 것도 같아요. '평생 찐따로 살고 싶지 않으니까, 그 애들보다 더 강한 사람이 되어야 해.' 그래서 저는 맹목적으로 서울대에 매달렸어요. 같이 서울대 입시를 준비하다가 나보다 먼저 입학한 친구들의 SNS를 보면서 이런 생각만 하고 있었어요. '저 자리가 내 자리였을 수는 없었을까? 난 뭘 잘못한 거지? 분명 내가 쟤보다 공부도 잘했던 것 같은데.' 실제로 저는 제가 다니던 미술 학원 전국 지점을 통틀어서 공부를 제일 잘하는 학생이었거든요. 제가 처음 미술 학원에 등록하러 간 날, 원장 선생님은 제 모의고사 성적표를 보더니 이렇게 말했습니다.

"어머니, 재열 학생 정도면 무조건 서울대 갑니다. 우리 학원에 이렇게 성적이 높은 아이가 없었어요. 얘가 서울대 떨어지면요. 제가 붙을 때까지 돈 안 받고 학원에서 재수, 3수 시키겠습니다. 이 친구는 무조건 가요."

그러나 원장님의 말씀이 무색하게 그해 입시에서 떨어졌습니다. 사실 미술 대학 입시는 성적이 전부가 아니거든요. 특히 당시 서울대 입시는 1차에서 성적 100%로 응시자를 거른 다음, 2차는 실기와 면접 100%로 뽑는 방식이었던 걸로 기억해요. 그래서 언제나 1차는 붙었지만, 2차 실기시험에서 고배를 마셨죠. 성적이 제로 베이스가 되어버리니까요.

그러다 보니 저는 단지 제가 미술을 늦게 시작해서, 다른 아이들보다 그림을 못 그리기 때문에 입시에서 떨어진다고 생각했어요. 그래서 실력 차이를 좁히려고 폭우로 도시 전체가 침수됐을 때에도, 심지어 추석 연휴인 날까지도 혼자 미술 학원

문을 열고 들어가 그림을 그리고는 했죠.

원장 선생님의 호언장담에 기대감을 품었던 부모님도 계속된 낙방에 점점 버거워하기 시작했어요. 아무리 원장님이 수업료를 안 받으신다고 해도, 재료비며 교재비며 들어가는 돈이 만만찮았거든요. 당시 아버지는 명예퇴직 대상자였고, 안 그래도 넉넉지 않은 형편에 온 가족은 더욱 근심이 늘어갔습니다.

그나마 고3 때는 서울대는 떨어졌어도 꽤 상위권 대학 하나는 붙었었는데, 그 학교를 다니며 재수(정확히는 반수)할 때는 오히려 전부 다 떨어졌습니다. 심지어 3지망으로 생각했던 대학에서 후보 7번을 받았는데 그해 후보 6번까지 입학, 즉 제 눈앞에서 합격 문이 닫히는 걸 보면서 부모님이 말했어요.

"그냥 포기하고 다니던 대학 다녀라. 너 그냥 현실을 받아들여라."

그런데도 꾸역꾸역 우겨서 저는 3수에 돌입했습니다. 그때부터 부모님의 근심은 걷잡을 수 없이 커졌어요. 제가 깜냥은 안 되는데 계속 오기만 부린다고 생각하신 거죠. 사실 스스로도 내가 미술 재능은 없는데 욕심만 많은 게 아닐까 불안했으니까요. 심지어 친척들 사이에서는 제가 휴학한 게 아니라 자퇴하고 3수에 돌입했다는 소문이 퍼져서 시샘이 많은 한 친척 어른은 이런 전화도 하셨대요.

"어휴 자퇴서까지 내서 어떡하니. 재열 엄마, 그냥 지금이라도 추가 모집하는 전문대라도 보내. 2월에서 3월까지도 모집하는 학교 있더라. 어떡하겠어? 애를 고졸로 둘 거야?"

그런 말을 듣던 부모님 마음은 오죽했을까요? 스스로 만든 압박감에 부모님 눈치, 미술 학원에서도 점점 천덕꾸러기가 되어가는 상황을 느끼면서 저는 코너에 몰린 날들을 보내고 있었습니다.

그러던 어느 날 미술 학원에 갔다가 집에 돌아오니 부모님이 뉴스를 보고 계시더라고요. 대통령이 새로 장관들을 싹 임명했다는 소식이었습니다. 그때 당시에는 새로 장관이 임명되면 뉴스에서 장관들의 프로필을 소개해 줬거든요. 예를 들어 "국토부 장관 김철수 1952년생. 경남 거창 출생. 서울대학교 법학과 졸" 뭐 이런 식으로요. 죄다 서울대, 서울대, 서울대인 거예요. 그걸 보면서 엄마가 그러더라고요.

"야, 서울대는 저렇게 대단한 사람들이 가는 거야. 옆집 박 판사네 부부 봐라. 사람들이 딱 봐도 타고난 천재 같잖아. 그리고 박 판사 부인이 우리 집 와서 '재열 어머니, 제가 이런 애기 드리긴 조심스러운데, 사법 고시를 해봐서 알잖아요. 서너 번 떨어지기 시작하면 오히려 더 붙기 어려워져요. 멈추는 것도 용기예요'라더라."

그 말에 오기가 생긴 저는 외쳤습니다.

"아니, 뭐 저 장관 중에 서울대 재수, 3수해서 들어간 사람이 하나도 없겠어? 저거 봐. 텔레비전에서는 '김철수 장관 서울대 법학과 졸업'이라고만 하지 괄호 열고 '3수' 이런 거 안 적혀 있잖아. 저 사람들이 한 번에 붙었을지, 재수를 했을지 우리가 어떻게 알아?"

어? 그런데 그 말을 내뱉고 나서 생각해 보니 진짜 그렇네, 싶더라고요. 임명된 장관들처럼 내가 40대, 50대, 60대가 되어서 만약 텔레비전에 나오거나 유명한 사람이 된다면, 내 프로필을 대중들에게 소개할 때 결국 내가 몇 수 했는지는 드러나지 않겠더라고요. 결국 '결국 최종 학력만 남는 거네?' 그걸 느낀 순간 저는 집에서 나와 바로 독서실에 갔어요. 노트를 펴고 앉아서 무언가를 골똘히 쓰기 시작했습니다.

제가 뭘 썼을까요?

내가 몇 수까지 할 수 있을까.

계획을 세워본 거예요.

당시에는 대략 3수생 정도까지 실패해서 무직이 되면 군대 영장이 바로 나오던 시기였어요. 제 경우도 마찬가지였는데요. 다만 다른 점이 있다면 저는 중학생 때부터 가지고 있었던 지병 때문에 현역은 아니고 공익 근무 요원 판정을 받은 상태였다는 거죠. 어쨌든 훈련소에 들어가고 군 복무를 해야 한다는 점은 똑같았어요. 그래서 저는 막연히 3수하던 해를 마지노선이라고 생각하고 있었거든요.

하지만 독서실에 앉아서 계획을 세우다 보니까 제가 마음만 먹으면 계속할 수 있겠더라고요. 왜냐하면 당시에 제가 다니던 미술 학원 선생님 중 한 분이 군대에서 휴가 나와 시험 보고 서울대에 붙었거든요. 군대에서 틈틈이 수능 공부하고 그림 연습하다가 수능 날이랑 서울대 실기시험 날 맞춰 휴가 받고 나와서 시험을 쳤는데 붙었대요. 그때 저도 '와, 저런 방법도 있구나'라는 사실을 알게 된 거죠.

독서실에 앉은 저는 '집안 형편에 영향을 받지 않고 스스로 공부할 수 있는 장수 계획'을 쭉쭉 써보았습니다.

4수 할 경우 : 공익 근무 중 틈틈이 수능 공부 + 퇴근 후 미술 학원 다니기

5수 할 경우 : 공익 근무 중 틈틈이 수능 공부 + 퇴근 후 미술 학원 다니기

6수 할 경우 : 공익 근무 월급 모은 걸로 단과 학원 다니기 + 미술 학원

7수 할 경우 : 잔여 휴학 기간 없으니까 복학한 다음 과외 알바로 수능 공부 대체 + 모은 돈으로 서울의 큰 미술 학원 다니기

이런 식으로 쭉 쓰다 보니까, 일단 7수까지는 할 수 있겠더라고요. 왜냐하면 7수를 했을 경우 제가 대학에 입학하는 나이가 26살인데 일단, 군 복무가 끝났잖아요. 그러니까 휴학하지 않고 쭉 학교에 다니면 29살에 4학년이 되고 그때 취업 준비를 할 수 있겠더라고요. 다른 친구들보다 좀 늦긴 하지만, 20대에 취준생 생활을 할 수 있는 마지노선이 7수였던 거예요.

그리고 곰곰이 생각해 보니 제가 당시 다니던 대학에서도 5수나 6수를 해서 입학한 형들이 꽤 있었는데 의외로 동기들이랑 잘 어울리더라고요. 예술 전공은 학과당 학생 수가 매우 적은 편이다 보니 자기만 잘 처신하면 그렇게 아웃사이더가 되지는 않았어요. 그러니 입학이 늦어졌다고 해서 청소년 때처럼 쉬이 따돌림당할지도 모른다는 생각도 줄어들었죠.

공익 근무를 하면서도 허락만 받으면 수능 시험을 치는 것

이 가능하다는 사실도 알게 되었고, 당시 제가 다니던 대학교가 그래도 인서울 상위권에 속한 학교였으니까 공부 과외는 1~2개라도 구할 수 있을 거라는 생각이 들었어요.

마지막으로 몇 수를 해서 들어가도 '서울대'면, '30대만 넘기지 않는다면 어떻게든 취업은 될 거다'라고 생각했어요. 물론 취업 시장의 매서움을 모르는 20대 초반에나 할 법한 어린 생각이긴 했지만요. 어쨌든 저는 당시 다니던 대학을 졸업해서 1살이라도 젊을 때 취업 시장에 뛰어드는 거나, 비록 장수생 신분이지만 서울대 졸업생으로 취업 시장에 뛰어드는 거나 취업률은 거의 비슷비슷할 거란 계산이 섰어요.

다만, 서울대생으로 졸업하면 '난 실패했어'라는 트라우마는 벗어던진 채로 취업할 수 있을 거고, 그럼 남은 인생을 더 자신감 있게 살 테니 결국 나한테는 남는 장사다. 그런 판단이 서더군요.

그리고 종이에 계획을 적으면서 정리하니까 이런 생각도 들었어요.

'솔직히 7수면 인간적으로 그 안에 1번은 붙지 않겠냐.'

다음 날부터 저의 삶은 완전히 달라졌어요. 그림이 좀 잘 안 그려져도 '에이, 그래도 뭐 내년에는 더 잘하겠지? 그래도 고3

때보다는 잘하잖아' 하며 일희일비하지 않게 되고, 모의고사 점수가 조금 떨어져도 '뭐 내가 언제는 성적이 안 나와서 못 갔나 실기를 못 해서 못 갔지. 실기야 뭐 시간이 지나면 어떻게든 조금씩이라도 느는 건데 뭐. 그냥 오늘 그려야 될 만큼만 그리고 집에 가자' 마음가짐 자체가 바뀌게 된 거예요.

그렇게 하루하루를 보내다가 대망의 서울대 실기시험 날이 돌아왔습니다. 시험 문제를 받은 실기 고사장의 모든 학생이 술렁거렸어요. 그해의 서울대 입학 시험은 지금도 가끔 회자되는 역대급 난이도 문제였습니다. 정확히 기억은 안 나는데요. 대강 이런 내용이었습니다.

문제: 다음 내용을 그림으로 표현하시오.
여기에 커다란 정육면체가 하나 있다. 그 정육면체의 2개 면을 제거하면 그 안에서 또 다른 직육면체가 하나 나온다. 그 직육면체를 자세히 보면 바닥 면은 한국의 대표 색깔인 오방색(파랑, 빨강, 노랑, 흰색, 검정)으로 이루어져 있다. 그리고 다시 그 직육면체를 4분의 1로 자르면, 그 안에 원통 하나가 들어 있다. 그런데 이 원통은 나무 질감으로 이루어져 있다.

갑자기 정육면체가 나오다가 원통이 나오니, 이게 무슨 말일까 싶었습니다. 생전 처음 보는 시험 유형이었어요. 당시 미술 대학 입시(정확히는 디자인 전공)의 전형적인 문제 스타일은 아주 짧은 문장으로 이뤄졌거든요.

1. 동물을 활용해 환희와 기쁨을 표현하시오.

2. 계절의 아름다움과 피어나는 생명을 표현하시오.

3. 유럽의 산업 혁명과 한국 전통문화의 대비를 표현하시오.

이런 식이랄까요. 그래서 늘 미술 학원에서는 어떤 주제가 나오더라도 '너는 이걸 꼭 그려!'라고 학생의 특기에 따라 전략을 달리 짜주셨어요. 예를 들면 민지는 주로 식물을 잘 그리니까, 어떤 문제가 나오든 간에 식물을 무조건 맨 앞에 그려서 너의 실력을 보여주고, 영희는 주로 차가운 계열의 색상을 잘 쓰는 편이니까 어떤 주제가 나오더라도 꼭 배경에 강물이나 얼음 같은 걸 넣어서 너의 장점을 살려라. 이렇게 어느 정도 틀을 만들어주셨단 말이죠.

예를 하나 들어볼까요? 제가 만약 강아지를 기가 막히게 잘 그리는 학생이었다면 1번 문제를 풀 때는 아기 강아지들이 주인의 귀가를 반기며 기뻐하는 모습, 2번 문제를 풀 때는 강아지가 태어나는 모습, 그리고 3번 문제를 풀 때는 한국 전통의 삽살개라도 억지로 끼워 넣어서 어떻게든 억지로나마 나의 특기를 어필하는 게 가능했어요.

그런데 이 실기시험 문제는 마치 이상 시인이 쓴 추상 시 구절 같아서, 뭘 어떻게 그려야 할지 전혀 감이 안 잡히는 거예요. 학원에서 배운 걸 하나도 써먹을 수가 없는 상태였어요.

그렇지만 실기장에 있는 학생들 대부분이 어떻게든 학원에서 배운 걸 살려야겠다는 생각, 시험 시간 4시간 안에 무조건 완성해야 한다는 긴박감 때문인지 일단 배워온 대로 스케치를 시작했습니다. 저런 시험 문제인데 막 강아지를 그리고, 식물을 그리고 그런 아이들이 많았죠. 배운 게 그거니까요.

그런데 저는 30분이 넘도록 가만히 문제만 바라보고 있었어요. '난 어차피 그림도 다른 애들보다 잘 못 그리는데 지금까지 배웠던 걸 써먹을 수도 없다면 도대체 어떻게 해야 할까.' 문제를 읽고, 읽고 또 읽었는데, 아무리 생각해도 이건 컷만화 형태로 그리는 게 최선이겠다는 생각이 드는 거예요.

문제를 다시 살펴볼까요?

1. 여기에 정육면체가 있다. → 한 장면

2. 그리고 2개의 면을 없애라. → 한 장면

3. 그 안의 직육면체를 자세히 보면 오방색이 보인다. → 한 장면

4. 다시 잘라라. → 한 장면

5. 자르니 원통이 있더라. → 한 장면

 이건 시간 순서가 있어서, 억지로 한 장면에 담을 수는 없겠다고 판단했습니다. 하지만 또 다른 고민에 휩싸였던 건, 이 시험은 만화과 입시가 아니라는 거였어요. 컷 만화를 그린다고? 디자인과 입시에서? 그런데 아무리 생각해도 이게 정답인데. 내가 생각했을 때는 이게 저 그림을 가장 잘 표현하는 방법인데 어떡하지. 그때 이런 생각이 들었어요.

 '뭘 어떻게 해. 일단 질러. 어차피 떨어져도 내년에 또 올 거잖아.'

 그렇게 혼자서 말도 안 되게 특이한 만화 그림을 그리고 재료 가방을 챙긴 다음 미술 대학 건물을 빠져나왔습니다.

 '에이, 몰라. 올해도 망쳤다. 그래도 뭐 7수까지 할 거니까. 언젠가는 수험생으로 이 길을 걷는 게 아니고 이 학교 학생이 되어서 동기들과 밤새 과제하고 귀가하는 날도 있겠지. 그게

내년이 될지는 알 수 없겠지만.'

그런 생각을 하면서요.

그리고 2달 뒤, 저는 합격하게 됩니다. 심지어 2006년 봄, 미대 입시 잡지에 이런 특집 기사가 실렸죠. 〈서울대 미대 사상 첫 입시 결과 설명회 개최. 서울대에서 공개한 06학년도 대입 시험 최고점 작품들 공개〉 어라? 그 안에 제 그림이 포함되어 있더라고요? 그전까지는 저의 합격을 믿을 수 없었던 미술학원 선생님들이 "야, 그래, 서울대는 면접도 반 정도 들어가잖아. 재열이 저 친구 말을 워낙 잘하니까 면접으로 붙었나 보다" 하셨다가 다들 벙쪄버렸죠. "너 뭐야? 너 뭘 그린 거야? 도대체 저게 뭐야?"라고요.

물론 면접도 아주 재미있게 봤는데요. 그때 면접관 교수님이 제게 이런 질문을 하셨어요.

"고등학교 졸업한 지 좀 됐는데 올해 떨어지면 계획은 어떻게 되나요?"

그런데 제가 너무 해맑게 방긋 웃으면서 "에? 내년에 또 올 건데요"라고 말을 한 거죠. 덧붙여서 "내년, 내후년 한 7수까지는 해보자는 마음이라 기왕이면 빨리 붙었으면 좋겠어요" 하고도 냅다 말해버렸고요. 돌이켜 보면 어떻게 그렇게 무모하고 용감한 생각을 했나 모르겠어요.

'아주 재미있는 녀석이네' 하고 합격시켰던 저희 과 교수님은 제가 들어오자마자 넉넉지 않은 가정 형편 탓에 예술가로 전공을 살리려 하지 않고(저의 세부 전공은 도자기 공예였는데 보통은 전공자 중 순수 도예가를 지향하는 사람이 많거든요) 바로 취업 전선에 뛰어드는 걸 보며 '아유, 내가 저놈 잘못 뽑았구나'라고 농담 반 진담 반 푸념을 하시긴 했지만 말이에요.

40대에 얼굴이 좋아진 이유
"어떻게든 되겠지, 뭐!"

이 에피소드는 지금 제가 생각해도 참 배짱 좋은 녀석이라는 생각이 들어요. 어린 나이에 어떻게 그런 생각을 했을까. 게다가 원래 저는 주요 감정이 '불안'일 정도로 소심하고 겁이 많은 사람이거든요. 이후에도 늘 불안에 사로잡혀 애쓰고 용을 쓰면서 살았던 걸 보면, 이때가 유달리 용감했던 것 같아요.

다만 그 용감함의 기저에는 중요한 계기가 하나 있긴 했습니다. 3수하기 직전 재수 끝자락에, 잠시 다녀온 1주일 무계획

여행이었어요.

 그날은 서울대 발표를 1주일 남긴 날이었습니다. 차선책으로 지원했던 대학은 후보 7번을 받으면서 내 차례가 돌아오길 기다려야 했고요. 서울대는 1주일 남았지, 예비 후보 받은 대학은 연락도 안 오지…. 매일매일 초조함과 동동거림으로 몸이 부르르 떨릴 정도였죠.

 그때 고맙게도 서울에 살던 사촌 누나(미대 입시생들은 지방 학생들이어도 수도권 대학에 응시할 경우, 수능 이후부터는 대부분 서울에 올라와서 계속 실기시험을 치면서 지내기 때문에, 저는 당시 친척 집에 잠시 머물던 중이었어요)가 너무 그렇게 초조하게 지내지 말고 바람이라도 쐬고 오라면서 20만 원을 줬어요. 당시에는 정말 큰돈이었죠.

 저만큼이나 걱정하고 계시는 친척 어른들 눈치도 보이니까 집 밖으로 나오긴 했는데, 어디로 가야 할지 모르겠더라고요. 그래서 무작정 버스터미널로 갔어요. 그때는 고속터미널이 뭔지 남부터미널이 뭔지, 서울 지리를 하나도 모를 때라 아무 데나 갔는데 그곳이 강변터미널이었어요(지금은 동서울종합터미널이라고도 하죠). 주로 강원도 쪽으로 가는 곳이 많았는데, 그때는 그런 것도 모르고 그냥 갔습니다.

당시 아무거나 제일 빨리 출발하는 버스를 잡아탔어요. 목적지는 원주였던 걸로 기억해요. 터미널에 내리니 이미 날이 어둑해졌더군요. 숙소를 구하려고 두리번거리는데 한 할머니가 제게 다가왔어요. 잠잘 곳 찾냐고 묻길래 그렇다고 했더니 따라오래요.

그런데 따라가니까 할머니가 운영하는 여인숙이 뭔가 좀 이상한 거예요. 방이 무척 작고 지저분한데 붉은 형광등밖에 없더라고요. '이게 뭐지? 난 책 보고 싶은데, 왜 이렇게 어둡지? 밝은 불은 없나?' 의아한 상태로 방 여기저기를 둘러보고 있었어요. 입시만 계속하던 터라 또래보다 훨씬 세상 물정에 어두웠던 저는 거기가 이상한 곳이라는 걸 몰랐어요.

할머니가 문을 벌컥 열고는 저보고 "혼자 잘 거야?"라고 묻길래 "그럼요. 전 혼자 왔는데요? 그런데 할머니, 형광등은 없어요? 왜 이렇게 어두워요?"라고 말했습니다. 그제야 할머니는 저를 빤히 보시더니 젊은 총각이라기보다는 어린 학생에 가까운 얼굴이라는 걸 알게 된 거예요.

할머니는 화들짝 놀라며 잘 자라고 하더니 재빨리 문을 닫으시더라고요. 그때 소름이 오싹 돋았죠. 여기가 그 어른들이 말하는 '그런 곳'이구나.

그 자리에서 서둘러 도망치듯 나와버렸습니다. 이후로는 겁이 나서 아무 숙소에도 묵지 않고 계속 야간 버스를 타고 여행했어요. 그러니까 제일 먼 곳에서 먼 곳으로 이동하면 버스로 5~6시간 가잖아요. 일부러 밤 12시 차를 타고 차 안에서 자는 거죠. 숙소를 안 잡고요.

여행 마지막 날이었나, 강릉에 도착했어요. 꼭 가보고 싶었던 박물관이 있어서 행인들에게 물어물어 10km를 넘게 걸었죠. 그런데 계속 가도 논이랑 밭뿐인 거예요. 막다른 골목에 도착했을 때 깨달았습니다.

'아, 정반대 방향으로 왔나 보다.'

제가 도착한 그곳에는 박물관이 아니라 묘가 있었어요. 그런데 그냥 묘는 아니고요. 왕릉까진 아니지만 지방 사적지로 등재된, 꽤 넓고 조경이 잘 된 옛 귀족의 무덤이었어요. 맨날 야간 버스 타고 쪽잠을 자서 그런지 너무 피곤하고 다시 돌아갈 엄두도 안 나더라고요. 에라 모르겠다 싶어 잠깐만 누웠다 가자 했는데, 까무룩 잠들었어요.

한 30분쯤 잤나, 눈을 뜨는데 저도 모르게 "와, 진짜 잘 잤다"라는 소리가 입 밖으로 나오더라고요. 수험 생활이 시작된 이후로 이렇게 잘 잔 적이 있나 싶을 정도의 단잠이었어요.

그리고 눈앞에 보이는 풍경은 따뜻한 햇살이랑 바람에 흔들리면서 쏴아 소리를 내는, 몇백 살은 되어 보이는 나무들이었습니다. 배경 음악처럼 잔잔히 새소리까지 들리더군요. 정말 지금도 다시 꼭 한번 가보고 싶은, 20년이 지난 지금도 생생하게 기억나는 그런 풍경이었어요.

그 길 뒤로한 채 다시 10km를 걸어서 되돌아오는데 문득 이런 생각이 들더라고요.

'인생이 이런 건가. 진짜 가보고 싶었던 박물관은 못 갔는데, 오히려 길을 잘못 들어서 박물관보다 훨씬 좋은 경험을 했네. 앞으로도 살다가 내 맘대로 안 되는 때가 있으면 지금을 떠올려야겠다. 잘못 들어간 길에 더 좋은 풍경이 있을 수도 있겠어.'

아마 그때의 경험이 3수생 시절에 무의식적으로 영향을 미쳤던 것 같아요. '비록 내가 원하는 대로 맨 처음 원하는 대학에 합격하는 장면은 만나지 못했지만, 인생이 내 맘대로 안 풀려도 오히려 잘못된 길에서 뭔가 또 다른 좋은 경치가 있겠구나.' 그 무의식에 저장된 깨달음이 뉴스에서 본 장관 아저씨들의 프로필과 맞물렸습니다. 몇 수 했는지는 세월이 지나면 아무도 기억하지 않는다는 것 말입니다.

덕분에 저는 '이번에 꼭 붙어야 한다'라는 압박감에서 조금은 벗어날 수 있었습니다. 연휴나 주말에도 쉬지 않고 미친 듯이 그림을 그리던 그 몰아치는 태도를 내려놓을 수 있게 해준 거죠.

그리고 결정적으로 무언가를 이루어낼 때는 노력의 양만으로만 승부가 나는 게 아니라, 가끔은 용감하게 질러보고 조금 다른 각도로 생각해 보는 것도 아주 중요한 열쇠라는 걸 알게 됐어요. 그렇게 조금 다른 생각, 소위 '강심장'으로 질러보려면 무엇보다 내 마음이 너무 코너에 몰려 있지 않아야 한다는 사실도요.

이 얘기를 가끔 강연이나 방송에서 하거나 주변 사람들에게 들려주면 그런 말들을 하더라고요. "와, 장재열 작가 어렸을 때부터 보통 아니었네." 그런데 저는 늘 말합니다. 진짜 보통이 아니었으면 계속 그렇게 살았을 텐데 저는 보통 사람이라서 다시 관성으로 돌아오더라고요.

실제로 대학에 입학하고 직장을 다니면서도 똑같았어요. 다시 불안에 사로잡혀서 계속 나를 몰아치고, 잠을 줄이고 괴롭히는 방식들을 썼죠.

아마 저의 책이나 강연, 영상을 통해 한 번이라도 저를 만나 본 분들이라면 다들 아시겠지만, 저는 누구보다도 자신을 혹사하고 불안에 쫓기며 달리다가 완전히 번아웃된 사람이었어요. 심지어 아무런 기능도 할 수 없게 된 상태까지 다다른 그 시기조차도 '의지'로 이겨내려고 하다, 결국 극도로 심해진 번아웃 증후군에 우울증과 공황 장애라는 정신 질환까지 더해지고 나서야 뒤늦게 타의로 멈추게 된 경험이 있는 사람이었죠. 그 시기를 지나 상담가의 길로 들어선 뒤에는 괜찮았을까요? 아닙니다. 사람의 관성이란 정말 무서운 것이더군요.

어린 시절 가난하다는 이유로 겪었던 11년간의 왕따·학폭 트라우마. 20대 때는 그 그림자에 평생 사로잡힐지도 모른다는 불안 때문에 늘 반짝이고 화려한 것을 좇았습니다. 사실 제가 서울대 중에서도 예술 대학인 미대를 선택한 거나, 삼성이라는 일류 기업에서 패션 계열사인 제일모직을 선택한 건 적성이나 제 꿈 때문만은 아니었어요. 1등 조직의 구성원이면서도 왠지 부유한 집 출신 자녀들로 구성됐을 것 같은 이미지에 속하고 싶었기 때문입니다. 미대 나와서 패션 업계에 종사하는 애. 왠지 중산층 이상일 것 같잖아요?

그런 남들의 시선에서 벗어나 상담가가 되어 타인과 공생하는 길을 걸어야겠다고 생각한 30대에는 어땠을까요? 그땐 경쟁심이나 나를 입증하겠다는 마음은 많이 사라졌지만 반대로 과도한 이타심으로 나 자신을 병들게 했습니다. 정확히는 사람들에게 폐를 끼치고 싶지 않은 마음, 실망시키고 싶지 않은 마음이 너무 강해져 있었던 거예요.

상담가가 된 지 정확히 2년째 되던 해, 저는 첫 방송 출연을 하게 됐는데요. 세상에, 인생 첫 방송 출연이 당시 지금의 tvN 〈유 퀴즈 온 더 블럭〉과 비슷한 위상을 가졌던 MBC 〈마이 리틀 텔레비전〉이었습니다. 그리고 뒤이어서 출연한 방송은 당시 석학들이나 전문가들이 지혜와 인사이트를 나누는 무대로 많은 사랑을 받던 KBS 〈명견만리〉였지요.

실력은 충분하지 않았는데 제게 주어진 기회들은 너무 과분했습니다. 그리고 그 안에는 많은 어른의 도움이 있었어요. 자신이 겪은 정신 질환을 솔직하게 고백한 젊은 청년이 당시에는 저 말고 드물기도 했거니와, 자기 힘듦을 겪고 나서 '나랑 비슷한 사람들에게 말벗이 되어줘야겠다'라고 결심한 제 모습을 참 어여삐 봐주셨고요. 무엇보다 '사람들에게 돈을 받지 않고 고민을 들어주는 봉사를 한다'는 이야기에 "그럼 넌 뭘 먹고사냐"라는 걱정 반, 기특함 반으로 이런저런 방송 출연

기회들을 저에게 소개해 주신 거죠.

하지만 당시에 저는 너무 어렸기 때문에 미디어에 노출된 만큼의 책임을 져야 한다는 걸 잘 몰랐어요. 방송에 출연한 다음 날이 되면 이메일이 100통씩 도착했습니다. 많은 편지가 오는 일 자체는 괜찮았어요. 하지만 이전에 소소하게 제가 블로그를 통해서 만났던 사람들과는 차원이 다른 수준의 문제를 겪는 사람들의 편지가 오기 시작했습니다. 제가 감히 도울 수 없는 일들이었죠.

방송에 출연한다는 건 다른 말로 '적어도 어느 정도는 자기 분야에서 일가를 이룬 사람일 거야. 그러니까 방송에도 나왔을 거야'라는 대중들의 무의식에 대해 책임지는 일이라는 걸 그때는 몰랐어요. 그저 내가 지금 먹고살 길이 막막한데, 방송에 출연하면 강연의 기회도 생기고 강연료도 올라가겠지. 내가 먹고살 수 있게 되면 이 봉사 활동을 더 오래 할 수 있으니까 좋을 거야. 그런 생각밖에 없었거든요.

결국 20대 때도, 30대 때도 제가 선택한 방법은 다시 관성적으로 돌아와서 애쓰고 잠을 줄이며 나를 혹사하는 것이었습니다. 부족한 실력에 많은 기회가 주어지면, 훨씬 더 심각한 상태의 내담자들이 찾아오면, 그 경력의 부재를 채울 방법은 스스로 용을 쓰는 것밖에 없다고 생각했거든요.

그리고 앞서 말한 것처럼 사람들에게 폐를 끼치거나 실망을 안기고 싶지 않았습니다. 저에게 기회를 주셨던 분들께도, 미디어에서 저를 보고 정말 간절한 마음에 지푸라기 잡는 심정으로 찾아온 내담자들에게도 실망을 주고 싶지 않았어요. 그렇게 저는 혹사하고 저를 내몰고, 다시 혹사하길 반복하면서 그 20살 입시를 치르던 무렵에 깨달았던 것들을 점차 잊어갔습니다. 20~30대에는 늘 주변인들에게 "재열 씨, 요즘 괜찮아요? 힘들진 않아요?", "재열 씨, 요새는 좀 자요? 건강은 무사해요?"라는 질문들을 받으며 살아왔죠.

하지만 최근 2년 사이에 뜻밖의 이야기들을 듣고 있습니다.
"작가님, 요새 얼굴이 참 좋아 보이세요."
"재열 씨, 요즘 뭔가 느낌이 다른데."
처음에는 살이 쪄서 인상이 달라졌나 싶었어요. 실제로 40대가 되니까 똑같이 먹고 똑같이 운동해도 금세 살이 불어나긴 하더라고요. 그런데 보는 사람마다 점점 더 자주, 빈번하게 얼굴이 좋다고 하는 거예요. 자세히 들어보니 표정이 달라졌다는 의미였어요.

6년 만에 만난 종구 형도 비슷한 이야기를 하더라고요.

"재열 씨, 결혼했어?"

"갑자기 뭔 소리예요?"

"아니, 얼굴이 참 뭐랄까, 안정되어 보인다고 해야 하나. 왜 친구 중에 다 똑같은 동갑인데도 결혼한 친구들이랑 안 한 친구들이 미묘하게 느낌이 다르잖아. 특히 결혼해서 잘 사는 친구들 보면 뭔가 눈빛이나 표정이 차분해져 있다고 해야 하나? 은은하게 여유가 있다고 해야 하나? 그런 느낌 알지? 재열 씨 표정이 그래."

돌이켜 보니 사람들이 얼굴 좋다고 했던 이유는 바로 그런 맥락이었습니다. 마음이 편해 보인다. 그리고 뭔가 안정되어 보인다.

예전에 제 인터뷰 영상을 몇 번 편집한 적이 있었던 박 피디님은 이런 말도 하시더라고요.

"재열 씨는 원래 말을 되게 다다다다 하면서 빨리하던 스타일인데 요즘에 말하는 속도가 좀 느려진 것 같더라고요. 예전에 재열 씨랑 같이 일할 때 영상 편집하다 보면 늘 얘기는 너무 재미있는데 편집점 잡기가 진짜 힘들었거든. 말을 중간중간 쉬지 않고 너무 빠르게 하니까 끊어서 쓸 수가 없는 거야.

그런데 지금은 말할 때 중간중간 여백이 꽤 많네. 뭔가 듣기에 편해졌다고 해야 하나?"

그 말을 듣고 집에 돌아와서 최근에 출연했던 여러 유튜브 영상들을 찾아봤어요. 진짜 10여 년 전 막 미디어에 등장해서 말하던 때 영상과 비교하면 속도나 표정이 많이 달라져 있더라고요. 나이가 불혹이 되더니 정말로 불혹한 상태가 된 건가, 참 신선했어요. 왜냐하면 편안해 보인다거나 여유로워 보인다, 안정되어 보인다는 말은 제 인생에서 거의 처음 듣는 표현들이었거든요.

사람들이 저에게 어떤 칭찬을 할 때는 늘 무언가를 잘 해내는 역량 중심의 표현들이 대부분이었어요. 예를 들어 순발력이 너무 좋다거나, 재치가 있다, 아이디어가 정말 좋다, 야무진 것 같다, 똑똑하다, 이런 것들이었거든요. 뭔가 겉으로 보이는 에너지는 늘 텐션이 좀 높으면서 재미있는 사람인데, 또 일은 야무지게 잘하는 그런 느낌이었어요. 안정된 느낌보다는 통통 튀는 느낌에 가까운 사람이었다고 할까요? 저 스스로 안정감이나 편안함은 제게 없는 부분이라고 생각했어요.

그래서 늘 친구들 모임에 갔을 때, 많은 말을 하지 않아도 앉아서 은은하게 웃고 있거나 뭔가 평안해 보이는 친구를 보면 내가 못 가진 능력이라서 부러워하기 일쑤였습니다. 삶 자체도 저는 안정과 거리가 먼 커리어를 쌓으며 걸어왔고, 꼭 직업적인 측면이 아니더라도 결핍을 채우려고, 내가 두려워하는 것에서 멀어지기 위해, 불안을 잠재우려고, 증명하기 위해 애써온 인생이었으니까요.

불안을 잠재우려 애쓰던 시절, 제가 늘 사용하던 말 중 하나는 "어떡하지"였어요. 어떡하지? 이걸 어떻게 하면 해결할 수 있지? 어떻게 해야 하지? 이런 표현들 말이에요. 때로는 걱정되어서 쓸 때도 있었고 때로는 불안해서 쓸 때도 있었고 또 문제가 생기면 최대한 빠르게 해결책을 찾으려고 뇌를 풀가동할 때도 쓰고는 했죠.

하지만 2년 전부터 저는 그 표현을 거의 사용하지 않는다는 사실을 깨달았어요. 대신에 "어떻게든 되겠지"라는 표현을 더 많이 쓰더라고요. 곰곰이 지난 2년의 삶을 돌이켜 보니 삶에서 꽤 많은 것이 바뀌어 있었습니다.

첫째, 예전보다 업무 성과가 훨씬 더 좋아졌다는 걸 알게 되었습니다. 예전에 비해 좀 더 가벼운 마음으로 편하게 책을 써도 전보다 더 좋은 평가를 받고 많은 사랑을 받았어요. 제가 모르고 있었는데, 깜짝 놀란 점 중 하나는 5번째 책을 낼 때쯤부터 교보문고나 예스24에 들어가 제 순위를 확인하지 않게 되었다는 거였어요. 내 순위가 몇 위인지, 판매량이 얼마나 나오고 판매 지수가 얼마인지 거의 신경 쓰지 않게 되었죠.

대신에 정말 좋은 원고인가? 스스로 반문하는 시간이 많아졌습니다. 정말 좋은 원고를 썼다면 "칭찬은 고래도 춤추게 한다"라는 말처럼 '처음에 잘 안 팔려도 나중에 대성공할 수도 있는 거지, 뭐. 내가 봤을 때 이 원고는 정말 최선을 다했고 사람들을 위해서 노력한 결과물'이라고 생각하며 당장의 결과에 크게 신경 쓰지 않게 된 겁니다. 그런데 오히려 그렇게 되었을 때 정말 많은 사랑을 받고 있더라고요.

제가 처음 작가가 되었을 때 꼭 해보고 싶었던 3가지가 있었거든요. 하나는 정부에서 인정한 권장 도서가 되어 양서라고 인정받는 것. 또 하나는 해외 여러 나라에서 번역·출간되어 외국 독자를 만나게 되는 것. 마지막은 10쇄 이상의 두 자릿수 증쇄를 해보는 것이었습니다. 늘 타고난 실력을 자랑하거나 수백만 팔로어를 가진 스타들의 몫이라고 생각했던 일들을 근래에 하나씩 하나씩 경험하고 있더라고요.

그리고 둘째, 일상생활도 여유로워졌어요. 책 쓰는 것 이외에도 담당하게 된 프로젝트 수가 굉장히 많아졌는데 밤새는 일은 거의 없어졌습니다. 잠도 충분히 자고요. 업무량은 정말 많거든요? 그런데 이상하게 소요 시간이 줄어든 거예요. 그리고 결과도 꽤 괜찮게 안정적으로 나오고 있고요.

이건 아마도 업무의 경험이나 연차가 쌓여서일 수도 있겠지만, 사실 연차가 쌓인 만큼 프로젝트의 양과 난이도는 비례해서 높아져 있거든요. 그런데도 일을 중간에 끊고 자야 할 시간이 되면 자고 일어나야 할 시간이 되면 일어나는 등의 일상을 챙기는 게 가능해진 거예요. 또 간혹 사고가 터져도 옛날처럼 담배 먼저 물고 한숨 쉬면서 '어떡하냐' 하고 걱정하는 게 아니라, '오케이, 일단 알겠고. 음, 오늘은 자야 할 시간이니까 자고 내일 멀쩡한 정신으로 생각해야겠다'라고 정리하는 게 가능해졌어요.

셋째, 사람들과의 관계도 참 많이 바뀌었다는 걸 느끼고 있어요. 제일 큰 변화는 친구나 동료에게 제가 먼저 흔쾌히 사과할 수 있게 되었다는 거예요. 예전에 누군가가 저를 비판하면 늘 화가 났어요. 그리고 억울함에 휩싸였습니다. 내가 이렇게까지 열심히 하는데, 잘 지내보려고 이렇게까지 노력하는데 네가 그걸 다 무시하고 날 나무란다고? 어떻게 네가 날 나무

랄 수 있지? 이런 반감이 들면서 '너 죽고 나 죽자'라는 심정으로 상대에게 덤벼들거나 아니면 그 사람이 변호할 기회도 주지 않은 채 조용히 내 울타리 밖으로 밀어내기 일쑤였어요.

하지만 지금은 누군가가 저를 비판하면 일단 이렇게 대응합니다.

"네. 그래요. 일단 마음속에 있는 말씀 다 해보세요. 제가 먼저 들을게요."

제가 먼저 우다다 쏘아붙이기 전에 아주 잠깐이라도 들을 수 있는 여유가 생긴 거죠. 그리고 가만히 듣다 보면 상대방이 잘못한 것도 분명히 있지만 내 잘못도 일정 비율은 반드시 있다는 걸 인정하게 됩니다. 그런 판단이 들면 '그래도 귀책 사유는 상대가 더 많지 않나' 하는 생각이나 기싸움 같은 걸 하지 않고 제가 먼저 손을 내밀게 되더라고요. "아, 이 부분은 제가 생각 못 했네요"라고요.

뭔가 저한테 기회를 줄 수 있는 윗사람에게만 선택적으로 사과하는 것이 아니라 훨씬 어린 사람에게도 똑같이 사과합니다. 이런 말도 덧붙이고요. "내가 그래도 조금 더 살았고, 조금 더 경험한 사람인데 먼저 이런 상황을 헤아리지 못해서 미안해요. 일단 제가 죄송하다는 말씀을 꼭 드리고 싶고요. 다만 이제 우리가 어떻게 맞춰나가면 좋을지 얘기는 해봐야 할 것 같아요. 저도 사실은 불편한 점이 좀 있었거든요." 이 정도로 말하는 거죠.

예전에는 '내 말이 맞았고 넌 틀렸다'라고 생각했다면, 지금은 '누가 꼭 이겨야 할 필요는 없지 않나' 하는 마음으로 자연스럽게 흘러가는 것 같아요.

이런 저의 달라진 순간을 주변 사람들이 먼저 발견했다는 사실이 신기했어요. '예전에 미친 듯이 달리면서도 초조함에 휩싸였지만, 내가 당당한 척하면 티가 안 나겠지 싶었던 순간들이 실은 다 티가 났겠구나'라는 생각이 들더라고요. 그때 생각난 게 호순 선배였어요.

선배는 제 삼성 신입 사원 시절 첫 멘토였는데요. 딱 3주 정도 함께 생활해 봤음에도 불구하고 늘 저에게 번아웃이 올까 우려된다는 애정 섞인 조언을 했어요. 저는 그때 '선배가 왜 그런 말을 하지? 왜 응원보다 날 걱정하는 걸까?' 싶었죠. 그도 그럴 것이 저는 신입 사원 연수 생활 내내 1등을 독차지하는, 정말 주목받는 신입이었거든요. 그리고 그렇게 도장 깨기처럼 성장하고 무언가 성취하는 나에게 도취해 있었습니다. 하지만 그 이면에 있는 과도하게 몰아치는 생활 패턴과 불안,

초조라는 감각들을 호순 선배는 일찌감치 파악한 거예요. 선배의 우려 섞인 시선대로 결국 저는 정확히 2년 차가 되기도 전에 번아웃 증후군을 얻고 조기 퇴사자가 되었습니다.

사람들이 늘 저에게 함께 있으면 좋은 점으로는 즐거움이나 재미를 꼽았는데 최근에는 함께 있으면 편안하다고 합니다. 그런 분들에게 제가 물었습니다. "예전에는 편하진 않았나요?" 그들은 그때는 즐거움이었고, 지금은 아무 말 안 하고 있어도 될 것 같은 편안함이라고 이야기합니다. 뭔가 느슨하고도 이완된 기분을 느낄 수 있다나요?

그런데 이 모든 변화에도 불구하고 바뀌지 않은 단 하나가 있습니다. 여전히 제가 세운 목표나 꿈은 10대나 20대 때처럼 결코 작지 않다는 거예요. 아니, 오히려 이루고 싶은 목표가 더 커진 것 같아요. 여전히 아주 생생하게 바라는 꿈이 있고요. 40대가 지나기 전에, 가능하다면 경험해 보고 싶은 성취의 장면들이 있습니다. 그래서 요즘도 열심히 살아요. 정말 열심히 일합니다. 나태하거나 권태롭게 살고 있지는 않아요.

지금도 저는 앞을 보면서 계속 분주히 발을 움직이고 있어요. 다만 그 발걸음이 러닝머신 위에서 무빙워크로 옮겨간 느낌이랄까요. 예전에는 '이렇게 열심히 뛰지 않으면 안 된다'라고 생각했다면, 지금은 시간이 흐르면 언젠가 도착할 거라는 걸 알고 나 자신을 믿으며 나아갑니다.

"어떻게든 되겠지, 뭐."

이 말은 무빙워크와도 비슷한 원리 같아요. 꼭 뛰거나 빠른 걸음으로 걷지 않아도 무빙워크 위에 있으면 언젠가 저 멀리 도착 지점까지 간다는 걸 우리는 알잖아요? 하지만 내가 조금 더 일찍 도착하고 싶다면 무빙워크 위에서도 좀 빠르게 걸을 수 있고, 그렇지 않을 때는 여유롭게 서서 가는 거죠. 내가 내 발걸음의 속도를 선택하는 주도적인 마음이 생겼달까요.

그럴 수 있게 된 가장 핵심적인 노하우는 1번째, 지금껏 내가 살아온 삶과 내 주변 사람들과의 만남을 돌아보며 우리 인생에서 '내려놓음'의 순간들을 되짚어보는 것이었어요. 2번째는 그 의미와 기능을 정리하고, 3번째, 일상에서 적용할 수 있는 생활 습관으로 만들어 꾸준히 실천해서 언제든 필요하면 꺼내어 쓸 수 있는 '내 것'으로 만든 것이었습니다. 여러분과도 이 경험을 나누고 싶어 책으로 정리하게 된 거고요. 어쨌든, 계속 이어 가볼까요?

목표가 아닌 강박 떨쳐내기

제가 겪은 이야기를 가만히 살펴보면요, 삶에서 때때로 내려놓음이 더 필요한 순간이 있다는 거예요. 그런데 '내려놓음'이라는 말을 할 때, 대체로 우리는 2가지 의미로 쓰기에 혼동이 일어나는 것 같아요. 1번째 의미는 목표를 낮추거나 적당히 타협하란 뜻으로 쓰죠.

이해를 돕기 위해 대학 입시로 예를 들어볼까요?

A   아, 나 스카이는 이제 깔끔하게 포기!
B   왜? 너 연세대 꼭 가고 싶다고 했잖아.
A   야, 6월, 9월 모의고사 다 망했어. 공부 시간을 14시간으로 늘렸는데도 안 되는데, 뭐 어떡해. 걍 수능 날 로또 맞는 것 아니고서는 어렵지 싶다.
B   에헤이, 내려놨네, 내려놨어.

수험생만 그런가요? 어른들도 비슷한 상황을 겪습니다. 얼마 전에 제 친구 경훈이가 이런 이야기를 하더라고요.

경훈 야, 나 이제 좀 내려놓으면서 살려고.

나 뭘?

경훈 투자. 시리즈(100억 원대 대형 투자) 받는 거, 내려놨다고. 그냥 소소하게 살련다.

나 진짜 열심히 하던 것 같은데, 조금만 더 해보지. 아깝다.

경훈 얌마, 뭘 어떻게 더 하냐. 나 진짜 뼈 빠지고 똥줄 빠지게 6년을 살았는데. 맨날 집에도 못 가고 사무실 라꾸라꾸에서 쪽잠 자고. 그렇게까지 했는데도 안 되는 거 보면 이거는 그냥 이 시장 자체가 가능성이 없거나, 내 실력이 부족하거나, 운이 더럽게 없거나 3가지 중 하나지 않겠냐? 진짜 도리가 없다.

정말 경훈이 말대로 도리가 없는 걸까요? 글쎄요. 저는 해도 해도 안 된다고 자책하는 사람들에게 내려놓음을 슬쩍 권하는데요. 제가 말하고 싶은 내려놓음은 다른 의미, 즉 2번째 의미일 때가 많습니다.

목표를 내려놓는 게 아니고요, 앞서 제 3수 때 이야기처럼 목표는 그대로 둔 채 지금 내 과도한 긴장 상태를 살짝 내려놓으라는 거죠. 힘 빼기에 가까운 내려놓음이랄까요? 너무 간절해서 '그것만' 보던 시선을 살짝 돌리거나 힘을 빼면 오히려 문제가 해결되는 묘안이 떠오르기도 한다는 겁니다.

앞에서 예를 든 수험생의 경우는 하루에 16시간씩 공부하던 걸 오히려 10시간 미만으로 공부하는 식으로 하향 조정을 하는 걸 수도 있어요. 제 친구 경훈이의 경우는 그 팍팍한 삶의 방식 자체를 내려놓고 다시 설계하자는 의미가 될 수도 있습니다. 그 녀석, 간이침대에서 웅크려 자고 매일 배달 음식을 먹으면서 생활에 필요한 시간까지 아껴가며 일했잖아요. 그런데 투자가 잘 안 될 때마다 점점 더 근무 시간을 늘렸거든요. 이거 아니라는 거죠.

목표에 대한 과도한 집착과 갈망을 살짝 내려놓으면 태도와 방식도 자연히 느슨해지는데요. 역설적으로 태도와 방식이 느슨해졌을 때, 오히려 낮췄던 목표를 초과 달성해서 맨 처음 세웠던 목표가 어라? 달성되어 버리는 경우, 저만 그런 게 아니더라고요.

예를 또 하나 들어볼까요?

누구나 무릎을 치며 "맞아, 맞아"라고 공감할 주제이기도 한데요. 바로 결혼 이야기입니다. 결혼 포기 선언을 하고 난 뒤 오히려 급! 인연을 만나게 된 또 다른 친구, 선주 이야기를 들려드릴게요.

선주는 제가 재수할 때 미술 학원을 같이 다닌 친구인데요. 선주에게는 성공적인 커리어를 가지고 싶다는 꿈도 있었지만, 인생 목표의 나머지 절반은 안정된 가정을 꾸리는 것이었습니다. 모래알처럼 흩어진 차가운 가정에서 혼자 버티며 살아왔거든요. 선주는 그게 한이 되어서 일뿐만 아니라 가정까지, 2마리 토끼를 다 잡으려고 늘 누구보다 열심히 살았어요.

30대 후반이 될 무렵 선주는 1마리 토끼는 확실하게 잡았습니다. 회사에서 특진을 2번이나 했고요. 연봉도 억대를 넘어섰고 업계에서 주는 상도 여러 번 받으면서 커리어가 가파르게 상승했답니다. 그런데 그럴수록 선주는 동시에 마음 한구석에 초조함이 커졌다고 해요.

"야, 내가 이 나이 될 때까지 싱글일 거라고 생각도 못 했다. 진짜로."

선주의 입버릇이었죠. 그리고 38살이 되던 해 1월 신년 모임에 와서 비장하게 선언하더군요.

"얘들아, 딱 지켜봐라. 나 올해는 진짜 결혼한다. 나 진짜거든. 완전 독기 품었다. 나 겨울 전에 무조건 신부 입장할 거다?

너희 알지? 끌어당김의 법칙 알지? 나 노트에 쓰기 시작했어. 1,000번씩. 딱 기다려."

그렇게 선언한 선주는 정말 소개팅을 말 그대로 어마어마하게 많이 하더군요.

그해 연말, 저는 여전히 청첩장이 감감무소식인 그녀에게 물었습니다.

"얘야, 선주야. 이게 무슨 일이래. 올해 소개팅 엄청 많이 한 거 같더니."

선주는 하이볼을 2잔 연속으로 마신 다음 얼굴이 벌게진 채 대꾸했습니다.

"엄청 많이? 엄~~청 많이? 야! 엄청 많이 정도가 아니고 진짜 겁~~~~~~~~~~~~~~~~나 많이 했어. 나 24번이나 했다고. 그런데 그중에 썸 잠깐 탄 게 4번, 내가 거절한 게 4번. 나머지 16번은 전부 내가 차였다? 얘들아? 잠깐만. 여러분, 주목 좀 하세요. 리슨 투 미. 자, 다들 나 좀 봐봐. 나 요새 좀 많이 망가졌니? 나 못생겼니? 아니면 나 좀 성격이 진상이니? 왜 이렇게 남성분들 기겁하고 도망가니?"

선주는 전혀 못생기지 않았어요. 소개팅을 거듭할수록 오히려 점점 예쁘고 세련되어 보였고요. 성격도 굉장히 좋은 친구라 그건 걱정 안 했거든요? 오히려 '성공한 커리어 우먼' 하면 떠올릴 법한 우아함과 세련됨이 점점 더해졌죠. 선주의 외모 레벨 업을 옆에서 실시간으로 지켜보는 기분이었거든요.

그런데 소개팅은 그해 하반기로 갈수록 더 잘 안 풀렸어요. 선주가 그렇게까지 많이 거절당할 스타일은 아니라고 생각해서 저나 친구들은 엄청 놀랐죠.

신년회 때 선주랑 한 4시간을 넘게 이야기하다 보니까 이유를 좀 알겠더라고요. 선주는 아름다워진 외모와 반비례해서 인상이 나빠져 있었어요. 묘하게 표정이 바뀌고 미간도 상당히 자주 찡그리더라고요. 그렇다고 "너 인상 나빠진 것 같아"라고 할 수는 없잖아요. 그래서 "조금만 기다려보자" 하고 토닥여주는 것 말고는 방법이 없었어요.

해가 바뀌어 39살이 된 선주는 20번 정도 소개팅을 더 했어요. 그러고는 본인의 표현대로 '장렬히 전사'했습니다. 모두 거절당한 거예요. 그렇게 39살의 겨울을 맞이했죠. 40살을 앞둔 선주는 드디어 이렇게 말했습니다.

"야, 안 되겠다. 그냥 가지고 있는 것 다 팔아서 현금화하려고. 이제 답이 없어. 다 저금해야 해. 노후 준비해야지. 청담동 가서 메이크업이니 헤어니 돈 쓰는 거 뭔 헛짓이었나 몰라. 허

공에 돈 뿌린 거여. 차홍 언니, 정샘물 언니 부자 만들어준 거여. 아까워 죽겠어. 다 필요 없고 이제 악착같이 모으련다."

"왜 돈 모아서 뭐 어떻게 살려고?"

선주는 진지한 표정으로 말하더군요.

"아무리 봐도 혼자 살 각이니까 실버타운 알아보려고. 요새 하이엔드 실버타운인가 진짜 잘해놨더라고. 그런데 비싸. 그러니까 지금부터 멤버 모아서 계 모임 하자. 누구누구 가려나? 일단 재열, 너는 갈 거고."

"어이쿠, 이 선생님 나를 너무 당연하게 넣으시네? 허 참. 이런 물귀신이 있나."

저는 말로는 투덜거렸지만 내심 뭔가 반가웠어요. 지금까지 본 선주의 모습 중에 가장 표정이 편해 보였거든요. 그래서 슬쩍 말해봤죠.

"야, 사람들이 맨날 힘 빼면 간다고, 포기할 때쯤에 누구 생긴다고 막 그런 말도 하잖아. 너 이제 오히려 갈 수 있게 된 거 아닐까?"

선주는 희망 고문하지 말라며 귓등으로도 안 들었지만 그로부터 정확히 10달 뒤 결혼하게 됩니다. 세상에나. 소개팅을 포기해 주말에 할 일이 없던 선주에게 직장 동료가 독서 모임을 소개해 줬는데 거기서 남편을 만난 거예요. 6달 연애하고 바로 결혼에 골인했습니다.

청첩장 모임 날 선주 남편을 처음 봤는데요. 그 자리에 있던 친구들 모두 "진짜 선주가 남자 잘 만났다"라고 감탄했어요. 한눈에 좋은 사람이라는 게 느껴졌거든요. 잘생기고 직업이 좋고 이런 문제가 아니라, '아, 저 사람은 딱 봐도 사람 됨됨이가 바르구나' 그런 인상을 풍기는 사람 있잖아요. 그래서 제가 물어봤지요.

"선주, 뭐가 그렇게 좋으셨어요?"

남편분이 딱 한마디 하더군요.

"선주 씨, 진짜 재밌잖아요. 얘기 시작하면 밤을 꼴딱 새울 정도예요. 첫눈에 반한 것도 있지만, 볼수록 코드가 너무 잘 맞는 느낌이 있어요. 그리고 선주 씨, 위키백과처럼 아는 게 진짜 많잖아요. 상식이랑 위트가 화수분 같다고 해야 할까요? 저는 그게 너무 좋았어요. 이 사람이랑 함께라면 평생 유쾌하고 재미있게 지낼 수 있겠다 싶었거든요."

남편 될 분이 선주를 제대로 봤더라고요. 사실 원래 선주는 정말 재미있는 사람이거든요. 위트도 있고 유머러스한데, 게다가 제일 중요한 건 다른 사람 이야기를 잘 들어준다는 점이에요. 혼자 코미디 하듯이 웃기는 스타일이 아니라 상대랑 주거니 받거니를 정말 잘하거든요. 마치 토크 전문 MC 같다고 할까요?

저도 재수생 때 선주랑 학원 끝나고 잠깐만 이야기하다가 집에 가야지 했는데, 번번이 막차를 놓치고는 했어요. 그래서 저는 선주랑 제가 영혼의 단짝인 줄 알았는데, 알고 보니 선주 친구들 대부분이 비슷한 증언을 하더라고요. 선주가 워낙 말을 재미있게 하고 또 내 이야기를 너무 잘 받아주니까, 말하다 보면 시간이 훅 지나버려서 선주한테 전화 오면 받을까 말까 고민될 정도였대요.

그런데 이렇게 재미있는 선주가 소개팅에 실패할수록, 그리고 40살 전에 남편감을 찾아야 한다는 강박에 시달릴수록 그 위트를 잃었던 거예요. 거절당할 때마다 이런 생각을 한 거죠.

'아, 이번에는 말이 너무 많았나?'

'아, 이번에는 너무 내숭을 떨었나?'

선주는 갈피를 못 잡고 오로지 소개팅 애프터를 받는 것에 집착한 나머지, 상대에 맞춰 계속 자기를 고치다 보니 점점 부자연스럽게 삐걱거리고 있었던 거예요. 그런데 '에라, 모르겠고 나는 나대로 살자' 그렇게 생각하니까 선주가 원래 가지고 있던 유쾌하면서도 잘 들어주는 매력이 다시 수면 위로 올라온 거죠. 그리고 바로 그 점이 인연을 만나게 했던 거고요.

결혼 후 요즘 얼굴이 부쩍 편해진 선주는 저에게 자꾸 철학관 전화번호를 공유해 줍니다.

"야, 여기가 나 결혼하는 달을 딱 맞췄거든? 진짜 다 자기 짝이 있나 봐. 안 될 때는 뭘 해도 안 되더니 될 때가 되니까는 너무 순식간이야. 진짜 신기하더라. 너도 못 이기는 척 한번 가서 물어나 봐. 이 철학관에서 누구 만난다고 할 때까지 그냥 마음 편히 살면 돼."

하지만 저는 그 철학관에 전화하지 않았습니다. 왜냐하면 선주는 사주팔자 같은 운명론이 자신을 이끌었다고 생각했지만, 저는 사실 내면에 더 깊은 해답이 있다는 걸 알았거든요.

여기서 중요한 게 1가지 있어요. 선주가 정말 실버타운을 가기로 결심하고 결혼이라는 목표를 내던져버려서 좋은 사람을 만난 걸까요?

그렇지 않습니다. 말은 실버타운, 실버타운 했지만 사실은 목표 자체를 포기한 게 아니라 '40살이 되기 전에 반드시 결혼해야 한다는 강박', 그리고 '그 강박을 충족시키기 위해서 애쓰던 태도'를 내려놓은 데에 가깝습니다.

쉽게 말해, 선주는 결혼을 포기했다고 생각했지만 완전히 문을 닫은 게 아니라 인연이 들어올 한 뼘 정도의 문은 열어두되 강박을 버린 거죠. 매번 소개팅할 때마다 '이번에 만나는 사람이 반드시 내 짝이어야 한다, 나는 배수진을 쳤다' 그런 자기 암시를 해왔던 바로 그 마음 말이에요. 소개팅하는 남자마다 기대하고 실망하는 일희일비에서 벗어나, 누구를 만나도 '아, 저런 사람이 있구나. 사람은 괜찮네?' 그런 무덤덤함으로 상대방을 대하게 된 것이죠.

프롤로그에서도 말씀드렸지만, 저는 바로 그 '태도와 방식으로서의 내려놓음'이 우리에게 필요하다고 생각합니다. 늘 애쓰거나 몰아치는 방식으로만 어떤 목표를 이루어내던 우리가, 무덤덤함과 내려놓음을 통해 목표를 이루는 경험도 하게 되면 손에 2개의 도구를 쥐게 되는 거예요.

그럼, 우리 삶은 무엇이 달라질까요?

삶에서 어떤 목표나 문제들을 맞닥뜨릴 때마다 '이 목표에는 어떤 방식이 더 맞는 걸까? 애쓰면서 빡세게 하는 것? 아니면 내려놓고 힘 빼며 하는 것?'을 생각하고 능동적으로 선택할 수 있게 되는 겁니다. 목표를 향해 달릴 때 '애쓴다'라는 방식을 아무리 써도 안 될 때는 '내려놓는다'라는 방식으로 교체

할 수도 있고요. 그 과정에서 우리는 상황에 끌려가는 사람이 아니라, 조금 더 주체적인 존재로 거듭날 수 있습니다.

어쩌면 지금까지 우리는, 1가지 방법밖에 모르다 보니 정말 최선의 최선을 다하다가도 결국 안 되면 그냥 목표를 포기해 버리거나 자기를 탓해왔을 수 있습니다. 포기가 안 되는 분들은 자신을 더 많이 갈아 넣는 쪽을 선택하면서 신음하듯 살아왔을 지도 모르죠.

그런 우리에게 "힘을 빼세요, 잠깐 멈추어 서세요, 지금 여기에 머물러 있어요" 같은 말은 낯선 게 당연할 거예요. '듣기 좋은 말은 나의 성장이나 변화에 별로 도움이 안 되고 잠깐 달래주는 임시방편일 뿐'이라고 생각하는 사람도 많을 것이고, 더 나아가 "사람들의 발목을 잡아 제자리걸음을 하게 한다"라며 비판하는 사람도 있었을 겁니다. 결국 내려놓음이나 비움, 지금 있는 자리에서 잠시 머무르는 일이 성장과 성취에 방해가 된다고 오인한 거죠.

저도 그런 사람일까요? 힐링 멘토를 꿈꿀까요? 그냥 "지금도 괜찮아, 여기 머물러도 괜찮아"라고 말하고 싶을까요? 아니요. 저는 원하는 목표가 있으면 이루어내야 한다고 생각합니다. 우리는 살면서 최대한 많이 내가 바라던 장면들을 만나며 인생을 살아가야 해요. 그래야 인생 끝자락에서도 후회가 덜 할 테고요.

그래서 오히려 더 내려놓음을 익혀야 한다는 겁니다. 말을 달리게 하는 데에도 당근과 채찍, 2개의 도구가 필요하잖아요. 하물며 말보다 훨씬 더 복잡다단한 목표와 방향을 가진 우리에게 채찍만 쓰는 건 한계가 있지 않을까요?

이쯤에서 여러분은 이렇게 생각할 수도 있습니다. "작가와 작가 친구 몇몇 경험만으로, 내려놓음이 더 좋은 방법이 될 수 있다고 말하는 건 비약이 아닐까?"

충분히 그렇게 생각할 수 있어요. 물론 앞으로 더 많은 사례가 나오겠지만, 이쯤에서 여러분의 이야기를 한번 돌이켜 볼게요. 제 이야기는 꽤 많이 했으니까요.

대부분의 사람에게는 아주 작더라도 무언가를 이루어낸 경험이 있습니다. 그런데 그 경험들을 잘 살펴보면 '애쓰고 노력했기 때문에 된 것'이 있는 반면, '힘을 빼고 내려놓아서 된 것'도 있어요. 여러분의 삶에서도 곰곰이 되짚어보면 하나씩은 찾을 수 있을 거예요.

먼저, 열심히 해서 성취한 경험을 1가지 적어보세요.

대단하지 않아도 괜찮습니다. 예를 들어, 초등학교 때 피아

노 학원에서 체르니 100번을 치는데 잘되지 않다가 토요일, 일요일까지 계속 연습하니 칠 수 있게 된 일. 이런 소소한 경험도 좋아요. 살면서 자신의 노력으로 이룬 성취의 순간들을 떠올려보세요.

또 반대로, 내려놓았을 때 이룬 경험도 적어볼까요?

'에라이, 모르겠다. 어떻게든 되겠지' 하고 생각했는데 '어? 진짜 됐네' 했던 순간들 말이에요. 역시 대단한 일이 아니어도 좋습니다. 게임을 하다가 도무지 안 풀리던 스테이지를 '아 몰라!' 하고 막 누르다 통과했던 경험. 혹은 취업 준비를 하는데 계속 떨어지다가 '될 대로 되라' 하고 면접에서 준비 없이 편하게 말했는데 합격 문자를 받은 순간 같은 일들 말입니다. 한번 적어볼까요?

쓰려고 하면 막상 잘 떠오르지 않을 수도 있어요. 우리는 성취를 떠올릴 때 아주 큰 것, 원대한 목표 같은 것 위주로 생각하게 되니까요. 작은 것은 흘려보내 기억나지 않을 수 있죠. 하지만 시간을 들여 천천히 되짚다보면 의외로 작은 성취는 꽤 자주 있었음을 알게 됩니다. 시트를 당장 다 채우지 않아도 돼요. 열심히 하지 마시고, 생각날 때 가끔 하나씩 업데이트해보세요.

노력해서 이룬 순간 vs 힘을 빼서 이룬 순간

정말 애쓰고 노력해서 이루어낸 순간들
___

마음을 비웠더니 덜컥 이루어진 순간들
___

애만 쓰던 방식에서
   살짝 시선을 비틀면 보이는 것

일단 내려놓음을 경험하고 익숙해지기 위해서는 기존에 살아오던 방식과는 잠깐 멀어질 필요가 있습니다. 양손잡이가 되려면 오른손잡이는 오른손을, 왼손잡이는 왼손을 잠시 쓰지 않을 필요가 있듯이요. 애쓰던 방식으로만 살던 사람이 애씀과 내려놓음, 2가지 방식을 자유자재로 사용할 수 있으려면 익숙한 1가지 방식인 '애씀'에 잠깐 거리를 두자는 거죠.

물론 굉장히 어렵습니다. 왜냐하면 이미 우리 안에서는 **'기능적 고착화'**가 일어났을 확률이 상당히 높거든요.

기능적 고착화라는 건 어떤 1가지 물건을 오로지 그 기능으로만 사용하려는 인지적 편향을 말합니다. 쉽게 말해서 우리가 어떤 도구나 방법을 원래 쓰던 방식으로만 한정해 사용하는 거예요.

1945년 독일의 심리학자 카를 둔커가 이런 실험을 했습니다. 사람들에게 양초, 성냥, 그리고 압정이 든 종이 상자를 하나 주고 이렇게 미션을 줬어요.

"이 양초를 벽에 걸되, 촛농이 밑으로 떨어지지 않도록 해보세요."

사람들은 압정으로 양초를 벽에 찔러보거나 성냥으로 양초를 녹여서 벽에 붙여보려고 했습니다. 대부분 실패했지요. 여러분이라면 어떤 방식을 쓸 것 같으세요?

딱히 안 떠오른다고요? 그렇다면 성공한 사람들의 방법을 알려드릴게요. 그들은 압정이 담긴 종이 상자를 싹 비워서 양초 받침대로 썼어요. 무슨 말이냐 하면, 빈 종이 상자 위에 일단 양초를 세우고, 종이 상자는 압정이 잘 들어가니까 상자 그대로 벽에 고정한 거죠. 마치 벽에 촛대를 건 듯 말입니다. 촛농도 떨어지지 않고 완벽하게 벽에 거는 미션을 수행했죠.

반면 이 미션에 실패한 사람들은 상자를 오로지 압정 담는 용도로만 생각해서 통을 비우고 양초 거치대로 활용할 생각을 못했던 겁니다. 익숙한 방식에만 사로잡혀 있으면 새로운 가능성이 안 보이는 거죠.

꼭 도구의 이야기로 한정될까요? 나라는 사람도 기능적 고착화 때문에 습관적으로 계속 애쓰고 있을 수 있습니다. 특히 열심히 해서 이루어낸 경험이 많은 사람일수록 그 '열심히'라는 방법으로만 살도록 고착화되기 쉬운데요. 공부도 일도 똑 부러지게 잘하던 친구들이 연애나 인간관계, 특히 육아에서 큰 고비를 겪는 경우가 많습니다.

'그 어떤 것이든 열심히, 끝까지 밤을 새워서라도 하면 되지 않을까?'라고 생각하지만 사실 육아나 연애 같은 '타인이 존재하는 영역'은 특히 '성실'이라는 무기가 잘 통하지 않거든요. 그런데 나는 열심히 애써서 이뤄낸 게 많으니 그 방법 말고는 생각조차 안 나는 겁니다.

그런데요, 이 기능적 고착화에서 벗어나 살짝 시선을 비틀었을 때 오히려 원하던 목표에 더 가까워진 사람들이 있습니다. 바로 사업가들이에요. 사업하는 사람들이 신제품을 출시할 때 목표는 무엇일까요?

당연히 돈을 많이 버는 것이겠죠. 신제품의 쓰임도 중요하지만, 사실 목표가 돈을 많이 버는 거라면 그 물건이 원래 예상했던 기능으로 사용되는지 아닌지는 크게 중요하지 않을 겁니다. 어떤 용도로 쓰이든 매출이 커지는 게 중요한 거죠.

실제로 우리에게 익숙한 물건 중에 기능은 달라졌지만, 대박 아이템이 된 제품들이 은근히 많습니다. 대표적으로 포스트잇이 있고, 완충재인 뽁뽁이도 마찬가지입니다. 뽁뽁이는 원래 벽지로 팔려고 하다가 실패했고, 다시 온실용 자재로 팔려다가 또 실패했지만 포장 완충재로 쓰이면서 대박이 난 사례입니다.

이 사업가는 어땠을까요? 벽지로 안 쓰였으니 실패했다고 생각했을까요? 아닙니다. 돈을 많이 벌었잖아요. 오히려 방향이 달라졌지만, 목표는 달성한 겁니다. 우리의 삶에도 그런 순간을 만들어가 보는 거예요.

애쓸수록 더 안 되고, 내려놓을수록 더 잘되는 이유

앞서 소개한 사업가들이 만약 '원래 개발한 목표대로 팔리지 않으니 실패야!'라며 제품을 폐기했다면 어땠을까요? 사업가들은 돈을 많이 벌겠다는 '근본 목표'는 잊은 채 물건의 기능이라는 '1차 목적'에만 집착한 나머지 오히려 목표에서 멀어졌을 겁니다. 우리도 이럴 때가 은근히 많아요. 조급함이나 강박으로 목표를 오인하면, 정작 우리가 이루고 싶은 목표에서 점점 멀어지겠죠.

선주의 사례 기억나시나요? 선주도 결국은 짝을 찾고 행복한 가정을 꾸리는 것이 인생의 목표였음에도, '앞자리가 4로 바뀌기 전에 반드시 웨딩드레스를 입어야 한다'를 목표로 착각한 순간, 어떻게든 저 남자에게서 애프터 신청을 받으려고 집착하게 되었죠. 그것이 그녀의 부자연스러움을 곱절로 증가시켰습니다.

그래서 우리는 **'현재 내가 제대로 된 목표를 인식하고 있는가?'**를 점검하는 시간도 꼭 필요합니다. 이 과정에 익숙해지다 보면 근본적인 목표는 대체로 '당장 성공과 실패의 결과가 나오는 게 아니다'라는 걸 알게 됩니다. 그러다 보면 하루하루의 과정에는 다소 '무덤덤해지는' 상태로 조금씩 변화해 갑니다. 앞에서 '에라 모르겠다. 어떻게든 되겠지' 하다가 뜻밖에 성취를 경험했던 순간들을 떠올려보셨죠? 우리가 그런 성공을 기억하지 못하는 이유 중 하나는, '운이 좋아서 어쩌다 됐다'라고 대수롭지 않게 여기기 때문입니다. 하지만 모든 게 운으로만 이루어지는 걸까요? 글쎄요.

저는 이번 책의 전작인 《마이크로 리추얼》과 《리커넥트》를 쓸 때, 230여 명의 사례자가 어떤 과정을 거쳐 번아웃이나 고립감에 빠졌는지 정리해 본 적이 있습니다. 그런데요. 번아웃에 빠지거나 사람에게 환멸을 느껴 스스로 모든 관계를 끊어낸 사례자 중에는 나태하게 살거나 되는 대로 인생을 산 사람이 거의 없었어요. 오히려 대부분이 노력하고, 애쓰고, 타인에게 폐를 끼치지 않으려는 착하고 성실한 사람들이었습니다. 다만 그것이 지나치게 과했을 뿐입니다.

"나는 정말 열심히 산 죄밖에 없는데 왜 지금 이 모양이 됐을까요?"

이런 말을 하면서 울기도 하고, 한탄하기도 하는 그들을 보며 1가지 경향성을 발견했습니다. 1번, 2번 결과가 좋지 않았을 때, 마음처럼 되지 않을 때, 몸이나 마음이 힘들다고 신호를 보내올 때 '잠깐 멈춰서 왜 이런지 나 자신을 들여다보는 시간'을 가지는 대신, 더 많이 에너지를 쏟아붓는 방식을 서슴없이 선택했다는 겁니다.

애쓰는 사람들이 번아웃에 빠지는 과정

애쓴다 → 힘들다 → 힘듦을 무시한 채 계속 애쓴다 → 체력이 바닥난다

→ 정신적으로도 소진된다 → 예전보다 결과물이 좋지 않다 → 그러자 더 애쓴다 → 몸은 더 병이 든다 → 결과물은 더 나빠진다 → 결국 목표에서 멀어지고 만다

그런 그들과 상담하면서 저는 딱 1가지 변화에만 집중했습니다. 바로 최초에 '힘들다'라는 감정을 느끼는 순간, 무시하고 곧바로 더 많은 에너지를 쏟아붓는 게 아니라 잠깐 멈춰 '찰나의 점검'을 해보는 것이었죠.

애쓰다가 힘을 뺐을 때 잘되는 과정

애쓴다 → 힘들다 → '어? 이게 이렇게까지 애쓸 일인가?' 또는 '나 무엇 때문에 이렇게 애를 쓰고 있지?' 점검한다 → 살짝 내려놓는다 → 힘이 빠지며 이완된다 → 지속 가능한 정도로 에너지를 넣는다 → 이 상태로 꾸준히 오래 한다 → 목표에 가까워진다

애를 쓰든 힘을 빼든 두 사례 모두 출발점은 똑같이 '애쓴다'였죠.

그런데 처음 '힘들다'라는 감정을 느끼는 순간, 즉 최초의 과부하 단계에서 더 애쓰는 단계로 가는 게 아니라 '어? 나 지

금 왜 이러지?', '이거 이렇게까지 애쓸 일인가?', '이 에너지 투입이 1년, 2년, 3년 지속 가능한가?' 하고 아주 잠깐만 멈춰 점검하는 겁니다. 그리고 지금 목표가 애쓰는 게 필요한지, 힘 빼기가 필요한지 판단한 뒤, 만약 힘 빼기가 필요하다고 느낀 내담자에게는 힘을 좀 빼고 내려놓을 수 있는 '이완의 생활 습관'들을 하나씩 알려줬습니다. 지속 가능한 만큼의 에너지를, 오래 쓸 수 있도록 말이죠. 그것이 역설적으로 목표에 더 가깝게, 더 빨리 다가가도록 도와주더라고요.

그런데 이 방식을 잘 받아들이지 못하는 유형도 있었습니다. 바로 아집과 강박이 너무 강하게 자리 잡은 사람들이죠.

"이렇게 해야만 목표를 달성할 수 있어! 다른 방법은 없어!" 이런 극단적 사고에 갇힌 상태에서는 어떤 변화도 일어나기 어렵습니다. 그래서 내려놓음을 실천하기 위해서 가장 먼저 내려놓아야 할 것은 바로 '나의 판단력에 대한 과도한 신뢰'입니다.

사례를 한번 살펴볼까요?

당신의 미래 예측은
대부분 틀릴 거예요
— 나리 씨 이야기

상담을 주고받은 지 벌써 4년째, 나리 씨는 여전히 취준생이었습니다. 누구보다 열심히 노력하는 것 같았지만, 취업은 잘 되지 않았어요. 나리 씨가 상담소에 찾아와 '박나리'라는 이름이 보일 때마다 '이번에는 제발, 이번에는 제발 합격 소식이 있기를' 하고 빌었습니다. 하지만 결국 똑같은 자리를 맴돌고 있었어요.

나리 씨는 32살의 취업 준비생인데요. 영상 기획자를 꿈꾸는 사람이에요. 나름대로 열심히 포트폴리오도 준비하고 또 역량을 키우고자 이것저것 많이 배우더라고요. 그렇게 그녀는 늘 분주히 움직였지만, 결국 취업 준비생에서 벗어나지 못했습니다.

저는 그럼에도 나리 씨가 대단하다고 생각한 점이 하나 있었어요. 오래 취업 준비를 하다 보면 사람이 무기력해지거나 서서히 에너지가 줄어들기 마련인데, 나리 씨는 무언가를 계속 해내고, 또 상담해도 제자리인 상황에서 꾸준히 찾아와 열심히 자기 이야기를 꺼낸다는 점이었습니다. 초반에는 그것만으로도 충분하다며 격려와 응원을 했지만, 점차 이제는 더 이상 그럴 때가 아니라는 생각이 들었어요.

나리 씨를 상담하다 보면 반복되는 묘한 패턴이 하나 있었습니다. 이 친구가 절대로 취업을 못할 상태는 아니거든요? 그런데 늘 약간씩 이상한 지점을 발견합니다. 그날도 그랬네요.

"저 잘한 짓인지 모르겠어요."

"혹시… 나리 씨, 또 합격한 곳에 안 갔나요?"

"네. 사실 진짜 가고 싶었던 회사는 떨어졌고요. 차선으로 넣었던 회사에서 합격 통보를 받기는 했는데 제가 해야 할 직무가 좀 달라져 있는 거예요. 라이브 커머스 분야를 하자는데 저는 그쪽으로 영상 기획을 할 생각이 없기도 하고, 거기다가 거기서 작업한 것들은 포트폴리오가 안 되잖아요. 그리고 편집도 좀 겸해서 하라는데 사실 제가 편집자로 지원한 건 아니다 보니까…."

전 굳어진 표정으로 나리 씨의 말을 끊었습니다.

"나리 씨, 잠깐, 잠깐만요. 미안해요. 말 좀 끊을게요. 그리고 제가 오늘은 좀 냉정한 이야기를 해도 될까요? 절대 나리 씨에게 어떤 감정이 있는 건 아니고, 정말 돕고 싶은데 이제는 돕는 방식이 다정함이 아니라 냉정함이어야 할 것 같아서 그래요. 괜찮을까요?"

"그렇게 말씀하시니까 좀 무섭긴 한데, 그래도 저를 도와주시려는 거니까 들을게요."

"나리 씨, 나리 씨의 판단력을 믿지 마세요. 우리의 머리는 생각만큼 똑똑하지 않아요."

나리 씨는 제 말이 무슨 뜻인지 이해하지 못한 채 멍하게 저를 쳐다봤습니다.

여러분은 이 말이 무슨 뜻인지 이해되시나요? 여러분이 상담가였다면 나리 씨에게 뭐라고 말했을 것 같아요? 아마 "일단 어디라도 가서 경험을 쌓으라"고 조언했을 겁니다. 그 이유는 경험을 쌓다 보면 또 다른 기회들이 생길 수도 있고, 지금 했던 경험들이 어디에선가 뜻밖에도 핵심 열쇠로 작용할 수 있다는 걸 사회생활을 해보면 깨닫게 되기 때문이죠.

그렇지만 직장 생활을 단 1번도 해보지 않은 나리 씨는 지금 가는 첫 회사의 포트폴리오가 2번째 회사로 이어지고, 2번째 회사의 포트폴리오가 3번째 회사로 이어진다고 생각해서 첫 회사를 지나치게 신중히 고르려 하고 있어요. 분명 직장 생활을 해본 사람들의 눈, 또는 직장 생활을 하지 않았더라도 이미 어느 정도 취준생 연배를 지난 사람들의 눈에는 거의 100%의 확률로 '그게 다가 아니야'라는 마음이 들 겁니다. 그런데 나리 씨는 '첫 회사가 중요하다'라는 프레임에 갇혀서 끝없이 자신에게 주어진 기회들을 발로 뻥뻥 차버리고 있었던 겁니다.

> 첫 회사가 중요하다.
> 이곳에서 쌓은 경험은 포트폴리오가 되지 않을 거야.
> 라이브 커머스는 내가 가려는 직종과 연결성이 없어 커리어가 꼬일 거야.

즉, 이걸 선택하면 앞으로의 커리어가 더 꼬일 거라는 자신의 정확하지 않은 미래 예측을 철석같이 믿고 합격한 회사에 가지 않는 걸 선택하는 거죠. 저는 그 부분을 짚어줘야겠다고 생각한 겁니다. 처음에는 나리 씨가 당황해 하면서 말하더군요.

"네… 뭐… 물론 그렇겠죠? 서울대 나오신 작가님보다 제가 덜 똑똑하겠죠?"

상대적으로 내가 너보다 더 똑똑하니 내 말을 믿으라는 의미로 받아들인 나리 씨에게 저는 그런 상대적 개념이 아니라 절대적인 관점의 변화를 제안해 봤습니다.

나의 판단은 정확하지 않다.

나의 추론은 생각보다 정확하지 않다.

나는 내가 생각하는 것만큼 똑똑하지 않다.

내가 판단해서 내린 결정들이 오히려 나에게 부정적인 영향을 미치고 있다.

쉽지 않겠지만 이런 생각을 한번 해보고, 그 관점으로 취업 시장에 뛰어들어 보자는 겁니다. 한참 설명을 듣고 난 뒤, 나리 씨는 고개를 끄덕이며 말했습니다.

"무슨 말씀을 하시는 건지 어렴풋이 이해가 가요. 그러니까 '이 회사는 나한테 맞을 것이다, 안 맞을 것이다'라는 제 예측들이 정확하지 않을 수 있다는 거죠? 결국 저는 정확하지 않은 예측들에 좌지우지되면서 제게 주어진 기회를 날리고 있는 거네요."

"바로 그거예요. 나리 씨, 우리는 결국 한 개인일 뿐이에요. 우리의 미래 예측 능력이 그토록 뛰어나다면 왜 우리의 삶이 그렇게 꼬일까요? 오히려 우리의 삶이 꼬이면 꼬일수록 내 판단력이 그다지 똑똑하지 않다는 생각을 해봐야 해요. '아, 저 회사는 직무 적합도가 너무 떨어지는데 어떡하지?', '아, 저 회사는 거리가 멀어서 다니다가 금세 지쳐서 그만두면 오히려 안 다니는 것만 못하는 것 아닐까?', '아, 업종을 이쪽으로 시작했다가 내가 원하는 방향으로 전환하지 못하고 계속 이쪽으로 굳어지면?' 그런 생각 좀 옆으로 치우자고요. 철석같이 믿지 마시라는 거예요. 생각이 많은 건 분명 장점일 때도 있지만 지금은 너무 큰 단점으로 작용하고 있어요. 제가 나리 씨보다 똑똑하다고 말하는 게 아니에요. 저도 삽질 왕이에요. 오히려 저도 제가 생각만큼 똑똑하지 않다는 걸 알게 된 순간부터 모든 일이 조금씩 풀리더라니까요."

나리 씨 이야기, 어떻게 들으셨나요?

그녀가 너무 세상 물정을 모른다고 생각하시나요? 하지만 우리에게도 생각보다 이런 순간들이 많습니다. 나리 씨가 '첫 직장은 직무 적합도가 높은 곳이어야만 한다'라는 생각에 너무 강하게 사로잡혀 많은 기회를 그르쳤듯, 우리 마음속에도 어떤 강박적 판단 하나가 자리 잡아 우리를 곤란에 빠뜨리고 있을지도 모릅니다.

예를 들어볼까요?

- 나는 도와주는 사람들이 별로 없으니, 나 혼자서 어떻게든 해내야 한다.
- 이번 기회는 내 커리어에서 가장 중요한 변곡점이다. 그러니까 이번 일의 성패가 내 커리어에 엄청나게 큰 영향을 미칠 것이다.
- 지난 몇 번을 내가 잘못했기 때문에 이번에도 못 하면 나에게는 더 이상 기회가 없을 것이다.
- 나는 다른 사람들보다 역량이 부족해서 시간으로라도 메우지 않으면 안 된다.
- 나는 매력적이지 않아서 내가 어떻게든 쫓아다니며 용을 쓰지 않으면 나를 좋아해 주는 사람이 별로 없을 것이다.

더 단순하게는 이런 강박도 있어요.

- 오늘까지 하기로 한 건 오늘까지 해야만 한다.
- 하늘이 두 쪽 나도 약속은 지켜야만 한다.
- 이 정도도 못하면 사람들이 뒤에서 비웃을 거다.

이런 강박적 판단들이 순간순간 오판을 만들고 매 순간 나를 조입니다. 그리고 과대 해석으로 이어지기도 하고요. 그래서 이제부터는 이런 성향이 강한 분들을 위해 잠깐 멈춰서 자신의 과도하게 부풀려져 있는 미래 예측과 강박적 감정들을 분리하고 떼어내 정확하게 분석하고 바라보는 시간을 가져볼까 합니다.

다만, '나는 그냥 평생 애쓰며 살아와서 이제는 만성적으로 애쓰며 사는 거다' 하는 분들은 이 책의 3번째 파트에서 언급하고 있는 구체적인 습관 형성 단계로 바로 넘어가셔도 좋아요. 이런 분들은 만성화된 애쓰는 라이프 스타일에 새로운 '내려놓음의 습관'을 꾸준히 끼워 넣어주기만 해도 자연스럽게 일상 밸런스가 잡힐 수도 있거든요. 그 힘 빼는 습관마저도 너무 애쓰듯이 열심히만 하지 않기로 약속하신다면, 이 책의 2번째 파트는 건너뛰셔도 됩니다. 그냥 힘 빼고 설렁설렁하다 보면 어떻게든 되거든요!

어쨌든 계속 이어 가볼까요?

다음 사례자도 참 생각할 거리를 많이 주는 분입니다.

똥인지 된장인지 찍어 먹어봐야
아는 때도 있는 법이니까
— 경호 씨 이야기

저는 미처 알아차리지 못했는데 옛날 상담소 초기 동료들이 말하길, 30대 초반 초보 상담가 시절의 저는 이런 말을 자주 했었대요.

"얘, 냅 둬. 똥인지 된장인지 찍어 먹어봐야 아는 사람도 있으니까."

심지어 내담자 앞에서도 이야기한 적이 있었더라고요. 저에게 그 얘기를 들었던 경호 씨가 직접 말해줬죠.

경호 씨는 9년 전 집단 상담으로 만났던 청년인데요. 오자마자 자기 사연을 얘기하는 게 아니라 갑자기 이런 질문을 던지는 거예요.

"혹시 여기 계신 분들 모두에게 물어보고 싶은 건데, 잠을 적게 자는 법 있나요? 제가 지금 하루에 5시간 자는데 조금 더 적게 자고 싶어서요."

모두 이게 뭔 소린가 싶어 가만히 있는데 경호 씨가 이어서 말하더군요. 소설가로 데뷔하는 게 꿈인데 지금은 경제적 상황이 여의치 않아 공장에 다니면서 병행하고 있다고요. 공장에서 퇴근하고 나면 기숙사에서 밤마다 글을 쓰고 주말에도 글을 쓰는데, 올해가 가기 전에 원고를 완성해 출판사에 투고한 다음 내년에는 책을 내고 싶은 바람이 있다고 했습니다.

그런데 아무리 계산해 봐도 글을 쓸 시간이 부족하다는 거예요. 게다가 공장에서도 점점 잔업이 많아지면서 가뜩이나 글 쓸 시간이 부족한데 최근에는 훨씬 더 많이 줄어들었다고요. 매일 5시간 정도 자면서 글을 쓰다가 어느 순간부터 주말에는 눈을 못 떠서 하루 종일 기절해 있거나 아예 글을 쓰지 못하고 넘어가는 날이 늘어나고 있대요.

이런 자신의 정신머리를 고쳐줄 수 있는, 눈이 번쩍 뜨이는 말을 듣고 싶다고, 그리고 현실적으로 잠을 조금 더 줄일 방법도 알고 싶다고 말하는 거예요. 저는 필사적으로 말렸습니다.

"저기요. 제가 그냥 상담가라서 하는 말이 아니라 사실 2권 정도 책을 낸 사람이거든요. 지금 3번째 책도 준비하고 있고요. 그러니까 선배 작가로서 하는 말이거든요. 책은요, 그렇게 잠 줄여가면서 쓰시면 진짜 안 돼요. 과로 상태에서 쓴 글은 독자들이 읽기에도 편하지 않을 수 있어요. 일단 내 몸부터 챙기셔야 해요. 우리가 아무리 웃으면서 활달한 척 말을 해도 표정이나 안색이 안 좋으면 '저 사람 참 피곤하네. 몸이 지금 안 좋은가 보다' 하고 느끼잖아요. 마찬가지로 글도 아무리 내용이 흥미로워 봤자 문체나 묘사에서 은근히 작가의 상태나 컨디션이 드러나기 마련이에요. 이건 확실하게 말씀드릴 수 있는 부분이거든요. 쓰는 사람이 어느 정도 건강한 상태에서 글을 쓰셔야 해요."

하지만 경호 씨는 귀담아들을 생각이 없어 보였습니다. 오히려 저에게 이렇게 말했죠.

"상담가님은 이제 책을 몇 권 내셨기 때문에 여유롭게 쓰셔도 출판사에서 원고를 받아주실 것 같긴 한데요. 저는 일반인이라서 그렇지 않거든요. 그리고 꼭 30대가 되기 전에 작가로 데뷔하고 싶고요."

"아니 그러니까 꼭 작가가 되고 싶으면 더더욱 잠을 자야 한다니까요. 그리고 작가가 된다고 해서 책 인세만으로 먹고 살 수 있는 시기도 아니에요. 출판 시장이 워낙 죽어서 1만 권만 팔려도 베스트셀러라고 하는데, 1만 권 팔리면 작가가 얼마나 버는지 아세요? 1권에 1만 7천 원 하는 책 인세가 보통 10% 내외예요. 그러면 약 1,700원 정도 들어오니까 총 합치면 1,700만 원이에요. 1권 쓰는 데 최소 1년 넘게 걸리잖아요. 그러면 책만 쓰고 살면 연봉이 1,700만 원이라는 소리예요. 2년에 1권 내면 연봉은 850만 원으로 줄어들죠. 먹고살겠어요? 게다가 이 경우도 베스트셀러일 때이고 데뷔작이 바로 1만 권 이상 찍는 베스트셀러가 된다는 보장은 없단 말이에요. 그러니까 우리는 계속 천천히, 오래 글을 쓸 생각을 해야 한다고요. 그렇게 사시다가 진짜 금방 퍼져요. 책 딱 1권 내고 '그래, 내 이름으로 책 하나 내봤다.' 그렇게 기념 삼으실 게 아니고 아예 직업으로 글 쓰는 사람이 되고 싶은 거잖아요? 제발 말 좀 들어요."

옆에 있던 다른 상담가들도 다들 한마디씩 거들었지만 시큰둥하던 경호 씨는 결국 원하는 답을 얻지 못했다는 표정으로 같은 말만 되풀이했어요. 나는 그 정도로 여유가 없다. 나는 형편이 어렵다. 나는 꼭 올해 안에 투고해야 한다. 당신들은 형편이 나보다 나아 보인다.

예정된 상담 시간은 4시간이었는데 경호 씨를 바라보는 저희가 오히려 너무 애가 타서 7시간을 상담했습니다. 심지어 다른 고민으로 온 참여자들조차도 경호 씨가 걱정됐는지 자기 이야기하는 걸 조금 미루어둔 채로 만류했지만 전혀 설득이 안 됐어요. 그러다가 경호 씨 단 1명을 붙잡고 있느라 다른 참

여자들의 사연을 들어보지도 못하는 건 너무나 죄송스러운 일이라, 제가 마지막으로 한마디를 건넸죠.

"그래요, 경호 씨. 알겠어요. 내가 잠 줄이는 법 알려줄게요. 일단 아이스 아메리카노랑 박카스랑 레드불을 섞어서 마셔요. 그리고 쇼핑몰에 보면 서서 업무 볼 수 있게 노트북 높여주는 거치대가 있어요. 그거 산 다음 서서 글 쓰시고요. 그래도 너무 졸리면 제가 자주 듣는, 잠 깨게 해주는 유튜브 음악 플레이리스트 있는데 그거 들으면서 해보세요. 그리고 사람들이 알람으로 많이 쓰는, 진짜 시끄럽고 불쾌한 소리가 있는데 제가 그거 링크 보내드릴게요. 그런 장치들 마련해 보세요."

40살 넘은 지금의 저였다면 조금 더 부드럽게 설득하며 이런저런 방법을 제시할 수 있었을 테지만, 당시 저는 고작 30살이었고, 뭔가 그 순간에는 상담가이기 전에 선배 작가로서 너무 답답하고 속상한 마음이 컸던 것 같아요. 그리고 결정적으로 그때는 번아웃에 대해 본격적으로 연구하기 전이라 사람들이 똥인지 된장인지 찍어 먹어보면 '아, 이거 아니었구나' 스스로 깨우칠 거라고 생각했습니다. 정말로 최선을 다해서 말리고 설득해도 안 되면 자기가 정말 큰일 나 봐야 생각의 지각

변동이 일어나나 보다, 하면서 내버려둔 거지요.

하지만 번아웃을 연구하는 사람이 되고 나서야 아차 싶었어요. 모든 사람이 똥인지 된장인지 찍어 먹고 바뀌는 건 아니더라고요. 오히려 똥독이 올라서 완전히 무너져버릴 수도 있다는 걸 깨닫게 됐습니다.

전작《마이크로 리추얼》과《리커넥트》를 쓰면서 정말 똥독이 크게 오른 사람들을 만났습니다. 주변에서 수없이 만류했지만 하나의 방식을 고수하며 자기를 몰아치다가 주저앉아버린 경우였죠. 그런데 똥독에 오른 사람들은 대부분 '아, 이 방식이 틀렸었구나. 다른 방식을 써야지'라고 생각하기보다 '난 이제 틀렸다', '내 인생은 망했다'라는 생각 속에 갇혀 있었습니다. 그러다 보니 주저앉아 있는 사이에 다른 사람들과 벌어진 차이를 더더욱 메울 수 없다고 생각하며 자리에서 일어나지 못했어요.

2018년에는 서울시와 당시 우리 상담소에서 함께 서울 시민들의 마음건강과 관련된 설문 조사와 연구 논문 작업을 한 적이 있는데요. 나만 너무 뒤처져 있는 것 같다. 그리고 이 뒤처짐으로 발생한 차이는 복구할 수 없을 것 같다. 이렇게 생각하는 사람이 설문 대상자 2만 3천여 명 중에 56.1 %나 되었어요. 그 생각이 틀렸다고 말하기도 어려운 게, 사실 많은 사람이 말하는 것 중 하나가 '한국 사회는 실패를 용납하지 않는 사회'라고 하잖아요. 그리고 그런 불안을 품고 있으니 우리는 쉽게 힘을 빼면서 살 수가 없는 거고요.

경호 씨와 같은 날 상담하러 찾아왔던 내담자 중 하나인 상지 씨를 오랜만에 만났을 때, 제가 번아웃 연구를 시작했다는 말에 반가워하며 그런 말을 했었어요.

"진짜 우리나라 사람들 힘 빼고 내려놓는 법 좀 알아야 해요. 왜 40대가 되면 20대, 30대 때 어떻게 살아왔는지에 대한 성적표를 받는다고 하잖아요. 저는 그래서 정말 할 수 있는 한 최대치로 열심히 살았는데 뇌졸중 오고 나서 진짜 생각이 많아지더라고요. 그때 주변을 둘러보니까 저처럼 살던 사람 중에 미친 듯이 열심히 산 것에 대해서 보상받은 사람은 정말 일부밖에 없고요. 나머지는 상당수가 암에 걸리거나 번아웃이 오거나 우울증에 걸리더라고요. 성적표를 그런 식으로 받을 거라고는 생각도 못 했죠."

"그러게요, 상지 씨. 인생이 참 잔인하죠."

매우 애쓰면서 살다가 어떤 이유로든 벽에 부딪힌 사람들이 '어? 이 길이 아니었구나. 그럼 유턴하자' 이렇게 생각할 거라는 믿음은 저의 너무 낙관적이고 편협한 시선이었어요.

"그나저나 그때 그 친구는 어떻게 됐어요? 경호 씨? 그 잠 안 잔다는 분."

"아… 그 친구요. 몸 반쪽에 마비 왔어요."

그랬습니다. 경호 씨는 몇 년 지나지 않아 신체의 절반이 마비가 오고, 작가로 데뷔도 하지 못했어요. 스스로 실패자라 자책하며 술독에 빠져 산 게 3년이 넘었지요. 어떻게 그의 소식을 알게 되었냐고요?

시골 어느 작은 동네 서점 북토크 때였는데요. 찾아왔더라고요. 거기가 고향이래요. 내려와서 집 근처에 있는 작은 공장을 다니고 있다는 거예요. 그때 어떻게든 더 자고 더 마음을 내려놓을 수 있게 조금만이라도 더 설득해야 했는데, 마지막에 그렇게 냉담하게 쏘아붙였던 게 정말 미안하다고 말하자 경호 씨가 웃으면서 대답했습니다.

"결국은 다 제 선택이죠, 뭐. 그때 제가 뭔가에 씌였던 것 같아요. 30살이 되기 전에 반드시 작가가 되어야 한다는 생각이 제 목을 옥죄고 있었거든요."

"왜 유독 30살이었을까요?"

"글쎄요. 보통 이 사회에서 30살이 넘으면 직업 바꾸기가 쉽지 않다, 30살에는 진로를 정해야 한다고 압박을 주잖아요. 생각해 보면 취업 제한 연령 때문에 그런 말이 나왔을 텐데, 작가는 그거랑 상관이 없는 직업인데도 제가 그렇게 '30살'의 프레임에 사로잡혔던 거겠죠."

"지금은 글 안 써요? 이렇게 성찰할 수 있는 지금이라면 오히려 경호 씨, 좋은 글 나올 것 같은데."

"모르겠어요. 지금은 더 이상 쓰고 싶지가 않아요. 나의 부끄러운 시절을 직면하는 것 같달까요. 예전처럼 술술 써지지도 않고요. 아마 그때 너무 진이 다 빠져버렸나 봐요."

"그래도 경호 씨, 만약 언젠가 다시 글 쓰고 싶은 생각이 들면 저한테 원고 좀 보내줘요. 저 이제 그때보다도 더 많이 책을 내고, 나름 베스트셀러도 여러 권 만들어서 출판사 분들 많이 알아요. 책 낼 방법을 같이 찾아볼 수 있어요."

"감사해요, 말씀만으로도요. 저도 특별히 잘하는 건 없지만 도움을 드릴 수 있으면 좋겠네요. 아! 혹시나 요즘에도 상담하면서 저 같은 애들 오면 제 얘기 많이 하셔도 돼요. 너처럼 진짜 말도 안 되는 짓 하다가 골로 간 형님 있다고. 너희는 그렇게 살지 말라고."

저는 웃으면서 말했어요.

"경호 씨, 깨달은 사람이 제일 생생하게 말할 수 있는 법이에요. 혹시 지금 경호 씨가, 예전의 자신 같은 친구들을 본다면 뭐라고 말해주고 싶어요?"

"잠 줄일 생각하지 말고, 통제 욕구를 줄이라고요."

생각지도 못한 지혜로운 말에 깜짝 놀랐습니다. 그런 저에게 경호 씨가 덧붙이더군요.

"돌이켜 생각해 보면 원하던 시기에 바라던 목표를 이루어야만 한다는 통제 욕구가 정말 강했던 것 같아요. 아마 '무엇이, 언제 되었으면 좋겠다'에서 무엇은 지키되 '언제'만이라도 내려놓고 집착하지 않았더라면 지금쯤은 작가가 되어 있지 않았을까요?"

"에이, 그런 생각은 하지 말자고요. 후회하는 게 무슨 소용인가요. 경호 씨, 진짜 '언제'를 내려놓을 수 있으면 '무엇'도 다시 살릴 수 있을지 몰라요. 30살 전에 작가 데뷔하는 건 글렀으니 40살이든 50살이든 60살이든 어때요? 이미 30살 넘은 건 똑같은데. 다시 글을 쓰고 싶다면 진짜 언제든지 연락해요. 60살에 연락해도 돼. '에이~ 이제는 진짜 너무 늦었지.' 그렇게 생각하는 시기에 인생은 또 놀리듯 경호 씨를 작가로 만들어버릴지도 몰라요. 꼭 이루고 싶은 시기에는 더럽게 안 되다가 '에라 모르겠다' 싶은 시기에 불쑥 이뤄지기도 하니까요. 인생은 내 맘대로 안 된다는 게 축복이자 희망일 때도 있다니까요."

경호 씨와 인사를 나누고 이메일 주소를 교환한 다음 집으로 돌아오는 길, 저는 또 한 명의 얼굴이 떠올라 카톡을 보냈습니다. 경호 씨가 말했던 사람. 지금 저 같은 애가 있으면 좀 도와주라고 했던 그 애. 제가 아는 사람 중 가장 미친 듯이 애쓰면서 사는 사람, 저의 오랜 친구 수인이었지요.

"퇴근하니? 잠깐 통화나 할래? 오랜만에?"
"오늘은 통화 힘들 거 같은데."
"왜, 아직 근무 중이야? 퇴근 몇 신데? 퇴근길에 하자!"
"어… 그때 주무실 걸요?"
"왜? 뭐, 몇 신데?"
"아마… 1시… 반쯤?"

아마 그 순간, 저는 그녀를 데리고 이 책을 써야겠다고 결심했던 것 같습니다.

"엥? 야. 나 너랑 책 써야겠다."
"네? 10년 만에 갑자기요?"

오잉? 갑자기 그녀를 데리고 책을 쓴다? 이게 무슨 말일까요? 제가 전화한 수인이는 10년지기 친구이자 제가 만든 '좀 놀아본언니들 상담소'에 초창기 상담 멤버이면서, 본업은 출판 편집자예요.

언니들 상담소는 모두 돈을 받지 않고 자원 활동하는 집단이었기 때문에 멤버들은 당연히 본업이 다 따로 있었는데, 그중 수인이는 출판사에 다니고 있었죠. 10년 전부터 저에게 언젠가 꼭 한번 함께 책을 만들자고 했는데, 그럴 때마다 저는 웃으면서 말했습니다.

"난 언제든 좋아. 그런데 네가 준비되는 게 중요해."

그 준비라는 건 다른 게 아니라, 그녀가 좀 힘을 빼는 거였어요. 수인이는 언제나 힘이 잔뜩 들어간 채로 과도하게 애쓰면서 살고 있었거든요. 좀 심할 정도로요. 우리 상담소 멤버들은 늘 집단 상담이 끝나고 나면 뒤풀이로 차를 마시거나 술을 한 잔씩 하면서 서로의 고민을 들어주었습니다. 그때 수인이가 말하는 고민은 늘 똑같았어요.

"난 왜 이렇게 부족하죠? 제 몫을 온전히 하고 싶은데 잘 안 돼요."

책 만드는 일을 진심으로 좋아해서 잘하고 싶은데 뜻대로 안 되고 회사 팀원 모두에게 폐를 끼치는 것 같아서 늘 죄송하다는 거였어요. 그래서 빨리 편집자로서 자기 몫을 해내고 싶어서 야근을 한다고 했습니다. 자정 가까이 퇴근하는 날이 너무 많았고, 주말에도 일하는 날이 쉬는 날보다 많을 정도였습니다. 그런 그녀에게 제가 물었죠.

"그런데 너, 그 '한 사람 몫'이라는 거, 너희 팀 사람들 기준 아니야?"

"네, 그렇죠. 딱 평균, 그냥 팀에 폐를 끼치지 않을 정도면 좋겠어요."

"그런데 너희 회사 사람들, 다 나이 많다며. 너랑 한참 차이 나는 사람들이잖아. 너는 아직 사회 초년생 사원급이고. 너랑 제일 차이 안 나는 선배만 해도 과장급이라며? 그런데 네가 그분들이랑 비슷한 실력이길 바라는 건 오히려 그분들에 대한 실례 아니야? 분명 일이라는 건 세월이 쌓이고 경험이 누적되어야 하는 건데, 그걸 네가 지금 잠 줄이고 주말에 일한다고 해서 단시간에 따라잡을 수 있는 건 아닐 텐데."

하지만 수인이는 제 말에 고개를 끄덕이면서도 사는 방식은 바꾸지 못했어요. 늘 자신을 갈아 넣으면서 살아왔죠. 그래도 대화 마지막에는 꼭 이런 이야기를 했습니다.

"그래도 들어줘서 고마워요. 제가 진짜 한 사람 몫을 잘 해내는 베테랑 출판 편집자가 될 때쯤에 꼭 저랑 같이 작업해요. 지금은 안 돼요. 왜냐하면 작가님한테 피해를 드릴 수도 있으니까요."

그런 수인이에게 제가 먼저 책을 쓰자고 하니 깜짝 놀랄 수밖에요.

"오, 지금 저랑 하자고 하신 계기가 있나요? 저 이제 베테랑이라고 느껴지시나요??"

"어… 그거는 지켜봐야 알 것 같고. 일단 내가 쓰려는 책의 주인공으로 너무 적합해. 카톡으로 이야기하기는 좀 어렵고, 직접 통화하면 좋을 것 같은데 몇 시에 된다고?"

"음, 아까 말씀드린 것처럼 1시 반이요."

네, 그렇습니다. 여기서 1시 반은 당연히 새벽 1시입니다. 수인이는 10년 전 처음 만난 날부터 지금까지 똑같이 살고 있더라고요. 애쓰면서 사는 막내 사원에서 애쓰면서 사는 팀장님으로 바뀌었을 뿐이었죠. 저는 10년 전 경호 씨나 수인이를 끝내 설득하지 못했던 것처럼, 무슨 말인지 이해는 되지만 피부로 와닿지 않는 말을 담은 책은 만들고 싶지 않았어요.

이번에는 정말로 너무 과도하게 애쓰며 사는 사람이 읽고 나면 아주 조금이나마 실제로 바뀔 수 있는 책을 쓰고 싶었거든요. 그래서 수인이에게 연락한 겁니다.

제가 아는 사람 중에 가장 과하게 애쓰며 사는 이 친구 하나가 바뀔 수 있다면, 독자분들께도 도움이 될 거라는 확신이 있었어요. 그래서 수인이에게 "이 책의 편집자가 되어줘!"라고 제안하고 싶었던 거죠. 하지만 제 원고를 읽고도 그녀가 바뀌지 않는다면 책을 아예 안 낼 생각까지 했습니다. 책 1권을 만들 때 그 책을 제일 오래, 많이 읽는 건 작가도, 왕팬 독자도 아닌 바로 편집자거든요.

그런데 그 담당 편집자 1명조차 바꾸지 못하는 원고라면 그저 제 브랜딩을 위한 포트폴리오 하나가 추가될 뿐 아니겠어요? 굳이 그런 책을 양산하고 싶진 않았습니다.

그래서 제가 수년간 내려놓는 법을 정리하고 다듬은 이 내용을 가장 먼저 읽고, 생활에 적용해 변화를 경험할 1번째 주자로 '늘 애쓰며 스스로를 턱끝까지 몰아세운 마지막 한계 지점'에 서 있는 그녀, 수인이를 초대한 겁니다.

다음 파트부터 중간중간 등장할 그녀는 아마도 이 책을 읽는 여러분의 아바타 같은 존재일지도 모르겠습니다. 그녀의 에피소드를 읽다 보면 '어? 이거 내 얘기인데? 내 감정인데?'라고 느낄 부분이 적지 않을 거예요. 어쨌든 새벽 1시 반에 통화하자던 그녀에게 저는 말했습니다.

"수인아, 우리가 아무리 친해도 이 통화는 업무 통화야. 새벽 퇴근길 택시에서 업무 통화하는 거 당연하게 여기는 너를 보니, 정말 네가 이 책의 편집자로 가장 적합하다는 확신이 다시 한 번 든다. 우리 수인이 이렇게 살지 않도록 내가 돕고 싶다. 일단 오늘은 가자마자 잠이나 자. 통화할 생각 말고. 우리는 그냥 만나서 얘기하자."

PART 2

무엇을 위해,
왜 그렇게까지 애쓰는 걸까요?

• "너, 대체
　　왜 그러고 살아?"

"너, 대체 왜 그러고 살아? 왜 그렇게까지 애써?"

카톡을 나누고 열흘 뒤, 우리 집에 온 수인이에게 제가 처음 던진 질문이었습니다.

"왜 아직도 그렇게 사는 거야? 벌써 사회생활 한 지 10년도 넘었잖아."

"그러게요. 왜 나만 이러고 있지. 작가님도 10년 전에는 저랑 되게 비슷했던 것 같은데 요즘은 뭔가 얼굴이 편안해 보이세요."

"너도 내 얼굴이 달라 보이니? 보는 사람마다 다 그 이야기 하더라. 얼굴 달라졌다고. 그래서 너를 부른 거야. 내가 해본 몇 가지 방법을 알려주려고. 너도 좀 편안해지면 좋겠더라고. 그리고 네가 진짜로 변화한다면, 더 많은 사람에게 전해질 수 있도록 글로도 옮겨보려고."

"오? 그럼, 저랑 나눈 이야기를 토대로 책을 만들게 될 수도 있는 거네요? 저야 영광이죠. 그 방법 덕분에 제 상황이 바뀔 수 있다면 좋은 거고, 책으로 만들어져서 그게 다른 사람들에게도 도움이 되면 더 좋은 거고요. 그러니까 얼른 썰 좀 풀어봐요. 작가님은 진짜 뭘 한 건데요?!"

"글쎄⋯ 여러 가지가 있었는데 일단 그중 가장 중요하게 집중한 건 '내가 왜 이렇게 애쓰면서 사는지' 이유를 찾는 거였어. 내면 깊숙이 숨겨져 있던 진짜 이유를 찾는 거. 왜 차가 고장이 나도 일단 어느 부분이 망가졌는지 알려면 보닛을 뜯어봐야 하잖아. 그런 거지. 그래서 너한테도 물어본 거야. 왜 그렇게 아직도 애쓰면서 사는지."

그녀는 한참을 고민했지만 역시나 마땅한 답이 떠오르지 않는 눈치였어요. 정확히는 그런 생각 자체를 지난 몇 년간 한 번도 해본 적이 없다고 하더군요. 항상 주어진 할 일은 잘해야지, 더 잘해야지 생각했고, 그러다가 쌓인 일들이 너무 많아지면 '일단 쳐내자, 빨리 쳐내자, 치우자, 치우자, 치우자!' 이렇게 반응했다는 겁니다. 결국 그녀는 끝내 이유를 찾아내지 못했지만, 그 대신 아주 중요한 한마디를 하더군요.

"이유는 모르겠지만… 뭔가 요즘 들어서 스스로 정상이 아니라는 생각은 자주 들어요."

"왜?"

"야근하고 나서 택시 타고 집에 가는 길에 자꾸 울컥해요. 요즘 자주 울어요, 제가."

그 말에 저는 가슴이 턱 막혔어요. 그리고 직감했지요. '이 친구 거의 절벽에 다다랐구나.' 10년 동안 조금 아슬아슬해 보인 적은 있었지만 이렇게까지 코너에 몰린 상태는 처음 봤어요. 당황스럽기도 하고 마음이 저릿하기도 했지요.

그런데 또 한편으로는 어쩌면 너무 당연한 일일지도 모르겠다는 생각이 들었어요. 제가 그녀를 알고 지낸 동안 그녀는 단 하루도 애쓰지 않은 날이 없었으니까요. 그런데 제가 봐온 10년만 그랬을까요? 아마 그녀는 저랑 알기 훨씬 전부터 그렇게 쭉 살아왔을 겁니다. 애쓰지 않는 삶이란 걸 상상해 본 적도 없는 친구라는 걸 잘 아니까요.

계속 이대로 두면, 애쓰는 신입 사원에서 애쓰는 팀장님, 그리고 인생의 마지막 순간까지 애쓰는 할머니가 될 게 거의 분명해 보이는 상태였죠.

저는 물었습니다.

"왜 그렇게 눈물이 나?"

"모르겠어요. 억울한가…?"

"뭐가? 뭐가 가장 억울했어?"

"얼마 전에 우리 아이 1,000일이었거든요. 원래 첫돌 사진, 두 돌 사진 말고 1,000일 사진도 찍어주는데 요즘 너무 바빠서 주말에도 짬이 안 났어요. 우리 아이 1,000일은 딱 1번뿐인데 괜히 미안하더라고요. 친정 엄마 생신 때는 노트북을 싸 들고 가서 생일상 옆에서 일하고…. 전 도대체 왜 아직도 이 모양일까요?"

저는 그 얘기를 듣다가 궁금증이 하나 생겼습니다.

"내가 잘 몰라서 그러는데, 너 정도 연차의 직장인들이 대부분 다 그렇게 일이 많아?"

"글쎄요. 그럴 수도 있고, 아닐 수도 있고?"

"그럼 너보다 일찍 퇴근하는 사람들은 일이 밀리는데 그냥 던져놓고 가는 거니?"

"아뇨, 안 그렇죠."

"그럼 다른 사람들은 제때 퇴근하면서 자기 일도 다 잘해 놓는다는 거네. 그럼, 네가 그 사람들보다 능력이 좀 떨어지는 편인 건가?"

"이 정도 연차가 됐는데도 여전히 능력이 떨어진다면… 그냥 이 일을 때려치우는 게 낫죠."

"그럼, 회사 시스템 문제야? 그런데 너 이전 회사에 있을 때도 계속 똑같이 살았잖아. 그럼 딱히 너희 회사 문제도 아닌 것 같은데."

제가 질문하면 할수록 그녀는 더 표정이 어두워졌습니다.

"작가님이랑 대화하면 할수록 스무고개 같고 머리가 점점 더 복잡해져요. 아무도 저한테 밤새워서 하라고 한 적 없어요. 주말에 일하라고 하지도 않는데 왜 이러고 사는지 저도 모르겠어요. 너무 한심하고 가슴이 꽉 막히는 듯 답답하고 때로는 바보가 된 것 같기도 해요. 그런데 웃기는 건 이렇게 말하면서도 저는 또 오늘 미팅 끝나고 돌아가서 야근하겠죠?"

"이제 좀 덜 그러자고 오늘 만나자고 한 거야. 계속 질문 세례를 받아서 힘들겠지만 그래도 꼭 한번 직면해 보자. 택시에서 울면서까지 애쓰는 이유가 대체 뭔지. 음… 너 이리로 와봐."

저는 그녀를 베란다로 이끌었어요. 우리 집 베란다 한쪽에는 '생각하는 그네'가 있는데요. 베란다에 인조 잔디를 깔고 벽에 붙이는 식물 타일도 사서 어설프게나마 작은 식물원을 만들어놨어요. 그리고 그 가운데에 1인용 그네 의자를 두었죠. 거기에 그녀를 앉혔어요. 그리고 아주 잔잔한 음악을 틀어준 다음 한 30분, 아니 10분 만이라도 가만히 있어 보라고 했어요. 저는 주방으로 자리를 비켜주었죠.

한참 지나서 생각을 마친 그녀가 들어오더라고요.

"제가 저 의자에 앉아서 생각해 봤는데, 제가 애쓰는 이유요. 그냥 내 일이라서 그런 것 같아요. 누가 해주는 것도 아니고 내가 챙겨야지 어떻게 하나 싶은 마음인 거죠."

"그런데, 네 말을 듣다 보니까 조금 이상하다."

"뭐가요?"

"네 일이라서 그렇게까지 애쓰며 챙기는 거면 정작 네 삶은 왜 안 챙겨? 네 삶도 네 거잖아."

여러분도 동의하지 않나요? 좀 이상하잖아요. 단 1번밖에 없는 아이의 1,000일 사진. 앞으로 몇 년이나 함께 살지 알 수 없는 어머니의 생신. 그 순간보다 앞으로도 수없이 맡게 될 업무 프로젝트가 그녀의 인생에서 훨씬 더 중요한 걸까요?

제 말을 들은 수인이는 혼란에 빠졌어요.

"그러게요. 왜 내 삶은 안 챙기는 거지? 내 일만큼 내 삶도 중요한데. 왜 이러지?"

그녀는 연신 혼자 중얼거리다가 눈물이 그렁그렁해져서 갑자기 소리를 질렀어요.

"작가님 말이 다 맞아요. 알아요, 안다고요. 그러니까 내 삶이 지옥 같다고요, 작가님."

마음의 지옥 속에 사는 수인이는 특히 요즘 더 힘들다며 말을 이어갔어요. 그렇게 모든 걸 제쳐두고 매달린 일에서조차 점점 실수가 생기기 시작했답니다. 그리고 이 난관을 해결할 방법은 더 적게 자고 더 적게 쉬고 어떻게든 해내는 것뿐이라고 생각하는 듯했어요.

"엄마, 여기 봐요. 꽃이 피었어요. 빨간 열매도 있어요. 하늘에는 공룡 모양 구름도 있어요. 엄마, 안아주세요."

그녀가 아이와 등원할 때 아이가 하는 말이래요. 아침밖에 못 보는 엄마를 1분이라도 더 붙잡아두려는 아이 마음을 다 알면서도, 그 마음조차 외면하고 일에 매달렸는데 결과물이 내 맘 같지 않다는 그녀는 연신 한숨만 쉬더군요.

"작가님, 저 진짜 바보처럼 살고 있죠? 나 왜 다 놓치고 살고 있지."

"지금부터 다 잡으면 되지."

"그러니까 어떻게요!"

"일단 이거부터 해보자."

저는 그녀에게 종이를 한 장 내밀었어요.

"너 억울한 마음이 든다고 했지? 억울해, 억울해, 억울해만 반복해서 써도 좋거든? 그냥 지금 떠오르는 감정들, 수면 위로 올라오는 감정들을 전부 다 끄집어내서 여기에 적어봐."

그러고 나서 저는 다시 안방으로 자리를 비켜주었어요.

한 5분쯤 지났을까? 끅끅, 우는 소리가 들렸어요. 저는 조심스레 현관으로 향하며 말했습니다.

"나, 커피 좀 사 올게. 한 30분 걸릴 거야."

그녀가 혼자서 더 많은 감정을 토해낼 수 있도록 시간을 주고 싶었어요. 종이에는 수많은 것이 적혀 있었을 테지만 저는 그 내용을 보지 않았습니다. 중요한 건 그녀가 '얼마나 충분히 자신의 감정을 토해냈는가'이고, 이미 그 울음소리에서 충분한 걸 알겠더라고요.

마음속 떠오르는 감정 분석하기

질문 수인이가 억울함을 느꼈듯, 지나치게 애쓰며 살아갈 때 머릿속이나 마음에 떠오르는 감정은 무엇인가요?

내려놓음의 첫걸음,
감정을 충분히 토해내기

내려놓음을 연습하는 과정 중 가장 중요한 것, 최우선으로 실행해야 할 건 바로 이겁니다.

'토해내기.'

부정적인 감정을 없애기보다 충분히 다 토해낼 시간을 나 자신에게 주는 거예요. 늘 애쓰며 살다 보면 불쑥불쑥 튀어나오는 생각이나 감정들이 있잖아요.

억울하다 / 막막하다 / 언제까지 이렇게 살아야 하나 / 한심하다 / 버겁다 등

우리는 그럴 때마다 생각을 잊어버리거나, 감정을 없애는 데 도움이 될 만한 것들을 찾고는 합니다. 그런데 이상하게도 그런 방법들을 아무리 써도 사라지지 않을 때가 있어요.

왜일까요?

자세한 설명에 앞서, 우리 머릿속에 자주 떠오르는 이런 기분이나 감정을 이 책에서는 **'표피적 감정'**이라고 부를게요. 이

표피적 감정은 내가 너무 애쓰면서 살다 보니 생겨나는 후유증 같은 감정입니다. 무슨 소리냐 하면, 이 감정 때문에 애쓰게 되는 게 아니라 너무 애쓰면서 살아서 이 감정이 자꾸 떠오르는 거죠. 정리해 보면 이렇습니다.

핵심 감정(나를 애쓰게 만드는 원인 감정)
↓
그로 인한 결과물(애쓴다)
↓
표피적 감정(애씀의 결과로 남은 후유증 감정)

그런데 우리는 이 표피적 감정이 문제의 원인이라고 생각해서 자꾸 이 감정을 없애려고 합니다.

조금 쉽게 비유하면, 뾰루지가 자꾸만 얼굴에 올라와서 피부과에 가는 거예요. 잠깐 좋아지는 것 같은데 다시 또 1주일, 보름이 지나면 똑같은 자리에 뾰루지가 올라옵니다.

그러면 더 비싼 피부과에 가야 하느냐? 그렇지 않습니다. '어? 이거 피부 문제가 아닌가?' 알아차리고 더 깊숙이 다른 원인을 찾아 들어가야 합니다. 그러면 피부과가 아니라 내과에 가야 할 수도 있겠죠. 몸속이 안 좋을 때 피부로 드러나기도 하니까요. 어쩌면 장이나 위, 아니면 생각지도 못한 장기에 탈이 났다는 **핵심적인 문제(핵심 감정)**를 발견하게 될 수도 있습니다.

감정도 마찬가지예요. 표피적 감정은 지금 내가 사는 삶의 방식이 지속 가능하지 않다, 한계에 다다랐다, 이제 바꿀 때가 됐다는 일종의 경고음 역할을 하는 셈인 겁니다.

그런데 이 표피적 감정을 없애려는 건, 경고음이 날 너무 귀찮게 하고 시끄럽게 하고 불편하게 만든다고 해서 소리가 안 나게 하려는 것과 같아요. 문제 상황 그 자체가 아니라 "문제가 일어났어요"라고 알려주는 건데 "아, 왜 시도 때도 없이 자꾸 경고음이 울리는 거야? 시끄러워서 잠을 잘 수가 없네" 하고 경보기를 꺼버리면 어떻게 될까요? 아파트에 놓인 화재 감지기를 떠올려보세요. 진짜 큰 화재가 일어났을 때 우리는 대피할 수 없게 됩니다.

다행히도 감정은 화재경보기처럼 한 번에 꺼지지 않아서 자꾸 누르거나 없애려고 해도 두더지 잡기 게임 속 두더지처럼 툭툭툭 튀어나와요. 이게 더 귀찮고 힘든 일이라고 생각할 수 있지만, 아니에요. 다행스러운 일인 겁니다. 계속 없애려고,

없애려고 해도 튀어나오는 건 내 마음속 깊은 곳에서 내가 나를 포기하지 않았다는 증거거든요.

그렇다면 우리는 표피적 감정 너머의 핵심 감정을 찾기 위해 무엇을 해야 할까요? 일단은 이 표피적 감정이 충분히 다 빠져나오게 배출하는 겁니다.

상담할 때 가끔 우는 분들이 있어요. 아니 가끔이 아니라 꽤 자주 있습니다. 그럴 때 많은 상담자가 가지고 있는 원칙 중 하나는 우는 사람의 눈물을 멈추게 하지 않는 겁니다. 상담 시간이 50분인데 그중 45분을 운다고 해도 그것을 충분히 존중하는 거예요. 휴지를 건네주거나 옆에 있어 주고, 오히려 옆에 없는 것이 낫다 싶을 때는 잠깐 자리를 피해주기도 합니다.

내담자가 충분히 울고 소리 지르고 자기도 몰랐던 감정을 토해내고 나면 어떻게 될까요? 후련함과 시원함, 그 뒤에는 고요함마저 찾아옵니다. 실컷 울고 났더니 좀 나아졌다, 바로 그 느낌인 거죠. 그때부터 우리는 조금 더 깊이 사유할 수 있게 됩니다. 그리고 그 깊은 사유가 시작되면 변화가 만들어지는 거고요.

그러니 자신의 감정을 마주할 때 자꾸 "아니, 괜찮아요, 별거 아니에요, 이러다 말겠죠" 하며 외면하거나 부끄러워서 표현하지 않으려 하는 건 별로예요. 표현해야 합니다. 수치감을 가질 필요도 없습니다. 20여 년 전, 대학생이던 저를 상담해 주셨던 심리 전문가 선생님께서 제게 하셨던 말씀 중에 지금까지 평생 품고 있는 말이 있어서 여러분과도 나누고 싶어요.

"재열 씨, 감정은요. 나를 괴롭히려고 찾아오는 게 아니에요. 그 친구들은 악의를 가지고 내 인생을 망치러 오는 게 아니라, 나에게 메시지를 전하러 오는 거예요."

- 지금 이 상황, 계속되면 안 될 것 같아.
- 너 잠깐만 멈춰서 생각해 봐야 할 것 같아.
- 계속해 오던 방식으로 문제를 푸는 건 이제 더는 통하지 않을 것 같아.

이런 식으로 내 안에서 내가 나에게 계속 신호를 보내고 있는 거죠. 한번 가정해 봅시다. 이런 신호를 자꾸 무시하면 어떻게 될까요? 표피적 감정은 '에이, 관심 안 주네' 하고 사라질까요? 아니에요. 오히려 점점 더 커집니다. "저기요, 그쪽으로 가시면 위험해요"라고 누군가에게 말했는데 그 사람이 못 들었는지 그쪽으로 계속 가면 우리는 더 큰 목청으로 외치죠?

"저기요! 위험하다니까요? 저기요! 저기요!! 이봐요! 다친다고! 야!!" 이렇게 말이에요. 감정도 마찬가지입니다. 나에게 무언가를 경고하는데 내가 계속 알아듣지 못하면 더 빈번하게, 더 큰 목소리로 찾아와요.

혹시 지금 마음속에서 억울함, 짜증, 두근거림 같은 감정들이 점점 더 빈번하게, 더 높은 강도로 찾아오나요? 그 감정을 스스로 제어할 수 없어 택시 안에서 갑자기 울음이 터져 나오거나, 예전에는 쉽게 웃으며 넘겼을 만한 일에도 정색하게 되지는 않나요?

그렇다면 이제는 그 감정을 피하는 게 아니라, 그 감정이 하는 말에 귀를 기울여볼 때입니다. 표피적 감정이란 녀석들은 내 인생을 망치러 온 게 아니라, 내 인생을 도와주려고 온, 생김새는 험악할지라도 알고 보면 좋은 녀석일 수가 있거든요.

한참을 그렇게 종이에 쓰고 난 수인이는 조금 후련해진 표정이었어요. 그런데 한편으로는 또 다른 걱정이 생겼어요.

"쓰고 나니까 제 감정을 너무 모르는 척했구나 싶긴 하네요. 그 감정을 직면한다는 게 후련하긴 한데, 여러 생각이 들어서 오히려 좀 복잡하네요. 나 자신에게 측은지심이 들기도 하고, 이렇게 될 때까지 왜 그렇게 살았나 한심하기도 하고."

"그래? 그러면 그 감정 밑에다가 한마디 더 써봐."

"뭘요?"

"뭐든지. 너 자신에게 측은지심이 들었다며. 한 뼘 더 들어가서 그 감정에 집중해 보자는 거지. 만약에 말이야, 네 아이가 커서 지금 너처럼 살다가 네 앞에서 억울하다며 울면 넌 무슨 말을 해주고 싶어?"

"음, 일단 저도 왈칵 눈물이 날 것 같은데요. 안아주면서 '그렇게 많이 힘들었구나, 엄마가 몰랐어, 정말 미안해.' 그럴 것 같아요."

"그래, 안아주는 마음. 그걸 너 자신한테도 좀 나눠줘. A4 용지 한 장을 꽉 채울 정도로 억울했으면 일단 이유야 어쨌든 '참 고생했네'라고 한마디 해줄 수 있지 않아? 네 아이한테 해줄 것 같은 말을 지금 너한테는 왜 안 해주냐고. 네가 너를 한 번은 보듬어줘. 이거 굉장히 중요하다? 몰아치는 너, 불안에 시달리는 너, 이렇게 살면 안 될 것 같다고 현타가 온 너, 그 여러 갈래로 분절된 너의 모든 자아들이 다시 결합하는 과정이거든."

"그게 무슨 말이에요?"

"너 봐봐, 아까는 자신이 너무 바보 같다고, '난 왜 이렇게까지 한심하게 살았을까' 평가자의 시선으로 널 보고 있었지. 그건 나의 자아가 2개로 쪼개진 거거든. 힘들어하는 나와 그걸 평가하는 나. 그럼 어떻게 될까? 무의식적으로 내가 내 눈치를 보면서 산다? 억누르고 참고 그렇게 돼. 마치 엄한 부모 앞에서는 애가 주눅 들 듯이. 그런데 '아, 참 고생했구나' 하면서 내가 나를 보듬어줄 수도 있는 존재라는 걸 알려주면 어때? 네 속마음과 감정이 조금 더 진솔하게 튀어나오겠지? 그렇게 원없이 다 쏟아내고 나면 후련해지고, 그다음 과정으로 나아갈 수 있어. 부서진 마음의 조각들을 하나하나 줍고 나서 다시 모아 붙일 수 있게 되는 거지. 마치 긴쓰기(킨츠기金継ぎ, 일본에서 유래한 도자기 수리 기법) 도자기처럼 말이야. 아, 너 긴쓰기 뭔지 알려나?"

버려질 뻔한 긴쓰기 도자기가 비싼 이유

처음 듣는다는 표정을 한 수인이에게 이미지 1장을 찾아서 보여쭸어요. 여러분도 '그게 뭐지?' 생소하게 느끼실 수 있겠지만, 이미지를 보신다면 '아, 이거!'라고 생각하실 겁니다. 대부분 한번쯤은 본 적이 있으실 텐데요.

긴쓰기란 깨진 도자기 조각을 밀가루 풀이나 옻칠로 이어 붙인 다음, 깨진 선을 따라 금가루나 은가루로 장식해 더 아름다운 도자기로 보수한 공예 기법을 말해요.

일본의 와비사비 문화에서 유래됐는데요. 와비사비라는 건 오래된 것을 고쳐 쓰고 아끼는 자세에서 비롯된 사상이에요. 불완전한 것은 불완전한 대로 아름다움이 있다는 미적 관념이지요. 일본에서 시작되었지만, 이 독특한 미감은 아시아 전역으로 전파되어 지금은 중국이나 한국, 베트남에서도 또 하나의 공예 기법으로 인정받고 있어요. 제가 제일 좋아하는 공예 기법이기도 해요.

재미있는 건, 이 긴쓰기 기법으로 만들어진 도자기가 그렇지 않은 도자기에 비해 몇 배나 비싸다는 겁니다. 깨진 부분을 이어 붙이는 자리에 금박을 써서 이기도 하지만, 금을 쓰지 않은 긴쓰기도 마찬가지로 귀한 대접을 받는 것을 보면 꼭 재료비 때문만은 아니더라고요.

'어떤 물건을 오래 사용하다 못 쓰게 됐을 때 폐기하는 게

아니라, 마모되거나 부서지는 것도 하나의 역사로 받아들이고 그것을 계속 사용한다.'

그런 관점에서 우리 삶의 가치와도 맞닿아 있고, 그 가치가 높은 평가를 받는 것 아닐까요? 그래서 일본에서는 귀한 손님이 왔을 때 '당신을 정성으로 모십니다'라는 의미로 긴쓰기 도자기를 사용한다고 해요. 외부 충격으로 산산조각 나 버려질 뻔한 도자기 조각이 섬세하고 정교하게 이어 붙이는 과정을 통해서 더 귀한 것으로 승화되는 게 참 의미 있지요?

다만 이 과정은 무척 어렵고 공이 정말 많이 들어갑니다. 제작 시간도 일반 도자기를 만들 때보다 몇 배 이상 소요됩니다. 물레를 사용해서 도자기를 만들면 1주일 안에도 수십 개의 도자기를 만들 수 있지만, 긴쓰기는 전통 기법 기준으로 1개를 만드는 데 적어도 1달은 걸린다고 해요. 기다림과 인내가 필요하지요.

우리 마음을 들여다보고, 고쳐 쓰고, 다시 회복하는 과정도 비슷할 겁니다. 길고 지루하고, 또 어느 순간에는 꽤 많은 시간이 지났음에도 나아지지 않은 것처럼 보일 수 있어요.

하지만 그럼에도 분명한 건요, 꼭 필요한 과정이라는 거예요. 깨진 독에 물을 채우려 더더더 많은 물을 쏟아부을 게 아니라 일단 깨진 독을 수리해야 하잖아요. 밑 빠진 독에 계속 물을 부어봤자니까요. 마찬가지로 우리의 마음도 다독이고, 답을 찾고, 다시 회복하는 과정을 살면서 언젠가 한번은 마주해야 합니다.

조금 덜 어렵게, 최대한 덜 헤매도록 제가 여러분 곁에서 함께 돕겠습니다.

그럼 계속 이어 가볼까요?

마음속 떠오르는 감정 다독이기

질문 121쪽 질문에 쓴 감정을 들여다보세요. 내가 나에게 해주고픈 말은 무엇인가요?

내가 내 무덤을 파는 걸까, 환경이 나를 이렇게 만든 걸까?

이렇게 내 마음에 떠오르는 감정을 들여다보는 행위는 굉장히 중요합니다. 왜냐하면 겉으로는 모두 애쓰는 모습이 비슷하더라도, 안을 들여다보면 사람마다 그렇게 사는 원인은 다를 수 있거든요.

우리는 그 원인이 어디에서 비롯된 것인지 알 필요가 있어요. 나의 내면에서 비롯된 것인지, 조직 시스템이나 업무 소통 방식 같은 환경이 이렇게 만드는 건지, 그 방향을 살피는 것도 변화를 위한 열쇠가 될 수 있습니다.

그런데 사람들을 상담하다 보면 이 구분하는 과정을 건너뛰고 빨리 해결하려다가 엉뚱하게 헛다리를 짚기도 합니다. 가령, 자기 내면의 과도한 불안감에서 비롯된 문제를 환경 탓으로 오해해 자꾸 이직으로 해결하려는 사람들이 있어요. 또 회사 환경 때문에 그런 상황에 놓이게 된 사람이 끝없이 자기 문제라며 자책하는 바람에 문제는 개선되지 않은 채로 점점 마음의 병을 얻어 지쳐가는 경우도 있습니다.

그렇기에 우리는 늘 해결 방안을 모색하기에 앞서, 이것이 내부적 요인인지 외부적 요인인지 정도는 꼭 한 번 점검할 필요가 있어요.

이제부터 사례를 하나 들려드릴 건데요. **1번째는 자신 안에 있는 특정한 심리(그게 무엇인지는 아직 못 찾았더라도)가 원인이 되어 스스로 애쓰고 지치게 만드는 것**입니다. 이 경우는 수인이에 해당하는데요, 이 케이스는 뒷부분에서도 조금 더 자세히 알아보기로 하고요.

2번째는 환경과 시스템에 의해서 애쓸 수밖에 없는 상황이 되어버리는 경우예요. 이 사례를 먼저 자세히 말씀드릴게요.

저의 대학 시절 후배인 혜빈이가 이 케이스거든요. 혜빈이는 30대 후반인데, 지금도 얼핏 보면 학생으로 보일 만큼 동안입니다. 체구도 작은 편이고요. 하지만 귀엽고 풋풋해 보이는 외모 너머에는 강단 있고 프로페셔널하게 일하는 태도, 외유내강의 특징을 가지고 있죠. 작고 어려 보이는 체구에 밤새는 날이 많을 정도로 하드 워커처럼 일한다는 점에서 수인이와도 참 닮았습니다.

제가 이 친구를 처음 알게 된 건 대학교 4학년 시절 취업 스터디 그룹에서였는데요. 15년이 넘은 지금까지도 그때의 스터디 그룹 친구들은 1년에 1~2번씩 모여서 안부를 묻고 있어요.

우리는 대체로 혜빈이네 회사 근처에서 모이는데, 몇 달 전에도 그녀의 회사 건물에서 점심을 먹었어요. 그날은 토요일이었습니다. 혜빈이는 당연히 출근한 상태였고요.

돌이켜 보면 지난 15년간 알고 지내면서 혜빈이네 회사 근처에서 모였던 적이 상당히 많았던 것 같아요. 늘 그 친구는 잠깐 나와 밥 먹고 들어가거나 커피만 마시고 들어가야 하는 상황이었거든요. 이제는 저희도 자연스럽게 모임을 정할 때 "우리 언제 모일까? 혜빈아, 너 언제 쉬는 날이니?"라고 묻지 않고 "우리 이날 모일 건데 혜빈아, 너네 회사 앞으로 가면 나올 수 있니? 몇 시간 쓸 수 있니?" 이렇게 물어봅니다.

그만큼 업무량이 굉장히 많다는 거니까 분명 꽤 지쳤을 거라고 생각하며 만났는데, 웬걸, 이번에 만났더니 얼굴이 괜찮은 거예요. 그래서 제가 물었습니다.

"너 괜찮은 거야? 아니면 괜찮아 보이려고 애쓰는 거야?"

"후자야. 생각보다 괜찮아."

"그럴 수가? 어떻게 괜찮을 수가 있지?"

그 모임에 함께 있던 민경이도, 영인이도 다들 혜빈이가 던진 의외의 답변에 당황한 표정으로 그녀를 쳐다봤습니다. 그런데 그녀는 이렇게 말하더군요.

"나는 끝이 있는 애씀이야."

그 말을 듣고 보니 그럴 수 있겠다 싶었어요. 혜빈이는 회계법인에서 회계사로 일하는데, 직무 특성상 1년에 몇 달간은 정신없이 바쁘지만, 그 시기가 명확하게 정해져 있는 거죠. 연말부터 연초로 넘어가는 약 4달간 정말 말도 안 되게 바쁘답니다. 이 사이클이 바로 그녀가 말한 '끝이 있는 애씀'이었던 거예요.

그러니까 혜빈이는 이렇게 자신을 갈아 넣어야 하는 상황을 자신의 불안이나 과도한 책임감 등의 심리에서 비롯됐다고 여기는 게 아니라 '아, 이건 이 업의 특성이지'라고 생각할 수 있다 보니 스스로 수용할 수 있는 것 같다고 말했어요. 특히 같은 직무를 수행하는 사람들 대부분이 그 시기를 비슷하게 살다 보니, 이것이 내가 자초한 문제 상황이라고 착각을 일으키지 않는 거죠.

"다른 사무직 사람들은 대체로 월화수목금 일하고 토, 일을 쉬지만 나는 그 텀이 좀 더 긴 거지. 물론 체력적으로는 나이 들수록 힘든 건 있어. 그런데 스스로 '아, 이 시기가 지나고 나면 힘 빼고 좀 쉬면서 남편이랑 캠핑 다녀야지', '또 좋아하는 취미 이것저것 하면서 충전해야지' 생각하면서 계획을 세우거든. 이 시기가 지나면 충전할 시간이 있을 거고, 내가 무엇을 하면 충전되는지 그 방법들을 아니까 정서적으로는 괜찮더라고. 정말 똥줄 타게 바짝 일했다 끝나면 힘을 탁 풀었다가, 이런 거지."

만약 매년 12월에서 1월 정도의 시기만 딱 잘라서 비교해보면 수인이와 혜빈이는 거의 똑같은 강도로 빡세게 사는 것처럼 보일 거예요. 그런데 1년 전체를 두고 보면 다르죠? 게다가 심리를 들여다보면 더 다릅니다. 한 사람은 '이 패턴이 어디서 비롯된 거고, 나는 이 업무의 밀물과 썰물 위에서 어떻게 파도를 타야 할지' 안다면, 또 한 사람은 끝없이 일의 쓰나미가 몰려와 허우적거리는 막막한 기분인 거죠.

애씀의 원인이 무엇이냐, 그것을 충분히 들여다보고 인지하고 있느냐에 따라서 이토록 달라지는 겁니다. 그래서 새벽 1시 퇴근길에 눈물이 펑펑 나는 수인이와 달리, 새벽 1시 퇴근길의 혜빈이는 몸은 피곤해 죽겠다고 생각하면서도 정서적으로 자신을 갉아먹거나 괴로운 건 아닌 거죠.

이렇게 애씀의 이유를 자각하고 명확하게 인지하기만 해도 변화의 여정, 절반은 이미 이룬 셈입니다. 최소한 자책하거나 자기를 괴롭히는 감정에서는 비교적 자유로울 수 있거든요.

'아, 내가 이 상황을 만들어내는 게 아니구나.'

이 사실만 깨달아도 마음이 한결 가벼워지면서 내 삶의 방식들을 재정리할 수 있는 계기가 됩니다. 또 회사의 시스템이 너무나 부조리한 경우라면 이것을 명확하게 인식하고 나서 '감정적 이직'이 아니라 환경을 바꾸는 이성적 선택으로서의 이직을 할 수도 있고요.

그런데 사회 초년생이나 40대가 넘은 분 중에는 이직을 두려워하는 분이 참 많아요. 사회 초년생들은 '남들 다 힘들어 하는데 이것도 못 버티는 자신이 약한 게 아닌가'라는 프레임에 갇히는 경우가 많고요. 40대 이후에는 이제 연봉도 높아지고 실무자를 넘어선 직급이 많다 보니 채용 규모도 작지요. 그러다 보면 '어떻게든 여기서 그냥 버티는 수밖에 없다'라는 생각이 크게 자리 잡을 수 있습니다.

이런 상황을 다 무시하고 당장 이직하라는 얘기를 하는 건 아니에요. 사람마다 직종, 경력, 여러 가지 상황에 따라 이직 성공률은 조금씩 다를 수 있으니까요.

다시 말하지만 여기서 진짜 중요한 것은 이직을 하느냐 마느냐의 결과가 아니라 '내가 애쓰는 원인은 환경 때문이란 사실을 스스로 인식하고 있느냐의 여부'입니다.

이것만 알아도 도저히 버틸 수 없는 마지노선에 다다랐을 때 '난 왜 이럴까?' 자책하는 것이 아니라 '이제는 정말 안 되겠다, 나가야겠다' 이성적으로 판단할 수 있을 테니까요. 이러한 이성적 판단을 할 수 있느냐 없느냐는 의외로 우리가 벼랑 끝에 섰을 때 굉장한 차이를 만들거든요.

수인이와 혜빈이, 두 사람 케이스에 해당하지 않는 **마지막 3번째도 있습니다. 애씀이 너무 오래돼서 그냥 습관으로 굳어버린 경우입니다.** 분명 처음에는 수인이처럼 자기 자신이, 또는 혜빈이처럼 특수한 직업 환경이 나를 애쓰게 만들었을 수도 있습니다. 하지만 상황이 많이 달라졌는데도 그냥 습관처럼 애쓰는, 그러니까 완전히 패턴화 되어서 굳어진 분들을 종종 볼 때가 있어요.

이런 경우에는 이유가 없는데 이유를 찾아보라고 계속 질문하면 머리만 아플 수 있어요. 그럴 땐 '네게 어떤 이유가 있을 거야! 찾아봐! 내면을 더 깊게 들여다봐! 더더더!'라고 막 파헤치지 않아도 됩니다. 그보다는 거북목이나 라운드 숄더, 오십견 고치듯이, 생활 태도와 습관의 변화를 통해서 서서히 방향을 틀어보는 거죠. 내려놓을 습관을 익히고 매일 루틴처럼 일상에 넣어 실행해 주는 겁니다.

'어? 나는 3번째 케이스 같아' 하는 분들은 '21'이라는 숫자와 '66'이라는 숫자를 기억하시면 좋아요. 습관을 바꾸는 기간은 보통 21일이나 66일 중 하나를 선택하라고 말씀드리고 싶거든요.

미국의 의학 전문가인 맥스웰 몰츠는 습관을 바꾸는 데 최소 21일이 필요하다고 이야기합니다. 21일 차가 되었을 때 우리의 뇌는 설득된 상태로 변환된다고 하는데, 우리말로 좀 편하게 바꾸자면 '익숙해진 정도'가 된다. 이런 느낌입니다. 완전히 습관으로 정착된 것은 아니고요. 그러니까 21일은 우리가 일반적으로 습관을 형성하기 위한 최소한의 기간이라고 볼 수 있는 거죠.

그리고 그 구간을 지나 66일에 이르면 어느 정도 자동으로 몸이 움직이게 되는, 이른바 습관이 자리 잡는 시작점에 들어서는데요. 영국 런던 대학교의 필리파 랠리 교수 연구팀이 발표한 내용을 보면 21일은 새로운 행동이 습관화되는 시작점이고 66일은 그 행동이 완전히 자동화되는 최소 기간이라고 말합니다. 그러니까 66일 정도만 꾸준히 반복하다 보면 인간의 뇌가 습관을 형성하는 데에 문제없다는 거죠. 이 시기가 지나면 해야 한다는 인지적인 노력 없이도 어느 정도 자동으로 작동하게 되는 겁니다.

자, 여기까지 읽고 '나는 3가지 유형 중 어디에 속하는지 모르겠다' 생각하시는 분들도 분명히 있을 겁니다. 이런 분들을 위해, 제가 한번 정리를 해드릴게요.

일단은 1번째 경우가 아닐까라는 전제를 깔고 내 마음에 계속 질문을 던져보는 겁니다. 그 답을 찾는 데 도움이 될 만한 질문과 워크시트들이 책 속에 준비되어 있거든요.

이렇게 아무리 해도 딱히 답이 나오지 않는다면 시선을 돌려 2번째 케이스, '주변 환경 때문인가?'라는 관점으로 방향을 돌려 살펴보는 겁니다. 내가 지금 어떤 구조와 환경(일, 가정, 공부 등) 속에서 살고 있는지, 그리고 나와 비슷한 상황에 놓인 사람들은 대체로 나처럼 사는지를 비교·대조해 보는 거예요. 그런데 비슷한 환경 속에 있는 사람들은 그렇지 않은데, 나만 유독 그런다? 그러면 다시 1번째 케이스로 돌아가 조금만 더 깊게 내 마음을 점검해 보는 겁니다.

그런데도 답을 찾지 못했다면 3번째 경우로 넘어가서요. 일단 이 책 순서와 관계없이 '습관을 바꾸는 실천적 방법들'을 소개하는 부분을 보세요. 거기부터 읽다가 '어? 이거 해볼 만한데?' 싶은 것을 하나 골라 최소 66일만 반복하는 겁니다.

다만 3번째 경우도 아니고, 여전히 무언가 해결되지 못한 채로 제자리를 맴도는 것 같다면, 그때 다시 처음으로 돌아와서 생각해 보는 거죠. '내가 가지고 있는 감정적인 원인이 너무 마음 깊숙한 곳에 있어서 아직 발견하지 못한 걸 수도 있겠구나' 하고 추론해 보는 거예요.

이렇게 다시 한참 만에 돌아와 원인을 찾을 때에는 심리 상담이나 정신 의학 또는 코칭 전문가를 만나서 도움을 받아보는 게 아주 좋은 방법이 될 수 있답니다. 혼자서 한참 해봤는데 안 됐다면, 이때가 전문가를 만나는 적기죠.

처음부터 당장 전문가를 만나는 것보다 제가 제안하는 3가지 스텝을 밟아보고도 답을 찾지 못한 시점에 전문가를 만나는 것이 훨씬 좋은 타이밍이 될 거예요. 왜냐하면 전문가에게 '나는 이런 문제를 인식했고, 그 문제의 원인을 찾으려 어떤 시도를 해봤고, 그 시도를 통해서 나온 결과가 만족스럽지 않았다'라는 정보를 제공할 수 있으니까요.

어떠한 전문가든지 내가 더 많은 정보를 풍성하게 제공할수록 거기서 해결의 실마리를 더욱 뾰족하게 찾아줄 수 있습니다. 그러니 혼자 시도하는 과정 속에서 여러분 스스로 결국 답을 찾지 못했더라도 낭비한 시간은 아니에요. 힌트가 될 만한 퍼즐들을 최대한 많이 확보한 시간인 거죠. 그 확보된 퍼즐 조각을 가지고 전문가와 함께 맞춰나가면 되는 겁니다.

왜 그렇게까지 애쓰는지 구조적으로 바라보기

다시 돌아와 제일 복잡한 케이스, 1번째 경우의 이야기를 해볼까요? 스스로 애쓰는 상황을 만드는 분들에 관해 말이죠. 앞서 말한 대로 현재 자신의 감정을 충분히 인정하고 종이에도 써보고, 다독여주고 나면 이제 다음 단계로 나아갈 수 있게 됩니다.

감정적으로 다 토해냈으니 이제 조금 더 이성적으로, 구조적으로 내면을 바라보는 건데요. 내게 2가지 질문을 던져봅니다. **'무엇을 위해 애쓰는가?'** 와 **'왜 이렇게까지 애쓰는가?'** 로 나누어서요.

이게 무슨 말이냐면, 1번째 질문은 내가 '어떤 목표'를 이루고자 애쓰는 것인가, 그 원하는 바를 명료하게 하는 거고요. 2번째 질문은 원하는 것을 얻기 위해 '이렇게까지 애쓰는 방법' 말고 다른 방법은 없나? 이 정도로 나를 혹사하는 것 외에는 방법이 없는 게 확실한가? 나 자신에게 '문제 제기'를 한 번 해보는 겁니다.

 이런 구조화 작업은 상당히 어렵습니다. 하지만 자기 자신의 문제 해결력과 자생력을 길러주는, 꼭 한 번은 해볼 만한 과정이에요. 살면서 또 다른 문제 상황에 처했을 때도 이 방식을 응용해 계속 나 자신과 대화하는 힘이 길러지거든요. 마치 몸 건강으로 치면 코어 근육을 기르는 과정이랄까요? 그래서 지금과 다른 모양의 장애물을 마주해도 코어가 탄탄하면 몇 번 시도해 보다 '어? 이 장애물은 이렇게 뛰어넘으면 되네?'라고 손쉽게 파악할 수 있습니다.

 하지만 이런 과정을 어렵다고 회피한다면, 살면서 어떤 변화의 상황이 찾아올 때마다 계속 제로 베이스에서 시작해야 할 수도 있습니다. 코어 근육이 약한 사람은 어떤 운동을 배우든 아무래도 오래 걸리고, 더 힘겹게 느끼게 되듯이 말이에요.

 그리고 구조적 사고는 어려움을 처음 접하고 인지했을 때도 필요하지만, 어려움이 지나간 뒤에 복습하는 힘으로도 작용합니다. 그게 쌓이면서 나의 경험이자 연륜이 되지요. 하지만 이런 구조적 사고 없이 '휴, 끝났다, 생각도 하기 싫어. 치워

치워' 하고 넘어가면, 이번에 느끼고 깨달은 바들이 인생의 다른 국면에 적용되지 않을 수도 있습니다. 마치 제가 3수생이던 21살 때 아주 큰 인식 전환의 경험을 했지만, 그게 무슨 원리인지, 어떻게 했던 건지 제대로 돌아보지 못해서 이후의 삶은 다시 원래 관성대로 돌아가 버린 것처럼 말이죠.

제가 아주 공감하는 이야기가 있는데요. 옛날 인도의 어떤 고명한 수행자가 깨달음을 얻은 뒤에도 매일매일 수행을 하더래요. 그래서 제자들이 물어본 거죠.

"스승님은 깨달으셨는데 왜 계속 수행하시나요?"

그랬더니 그 스승이 이렇게 답했답니다.

"깨달음은 끓는 물과 같아서, 계속 장작을 넣지 않으면 다시 본래로 돌아가는 것이다."

그러니까 깨달음은 단계가 아니라 상태라는 거죠. 이 이야기를 들었을 때 제가 정말 공감했던 이유는 제 스스로 의미 있는 깨우침을 얻은 순간들이 꽤 많았는데, 그걸 이어가지 못했다는 걸 너무 잘 알기 때문이었어요.

3수생 때 '내려놓으니 더 잘 됐네?'라고 지나가듯 한 번은 느꼈지만 그게 어떤 원리인지, 어떻게 다른 상황에 적용할 수 있는지는 전혀 생각해 보지 않았던 겁니다.

결국 그때의 경험은 초심자의 행운처럼 지나가 버린 거죠. 초심자의 행운이 뭐냐고요? 예를 들어볼게요.

저는 도예과를 나왔으니까 친구들을 가끔 도예 공방에 데리고 갈 때가 있습니다. 물레 체험을 시켜주려고요. 이때 초심자의 행운이 찾아오는 친구들이 있거든요. 살면서 처음 해보는 건데 '어? 어? 뭐야? 어? 어!' 하다가 한 번 도자기를 제대로 만드는 경우가 생겨요. 그런데 그다음에 또 하려고 하면 어떨까요? 안 돼요. 왜 잘 빚을 수 있었던 건지 원리나 이유를 전혀 모르거든요.

하지만 도예과 학생들은 어떨까요? 입학하면 처음에 무작정 도자기를 많이 만드는 게 아니라 물레가 돌아가는 원리와 구조부터 배웁니다. 물레는 원심력으로 작동하는 도구라서 흙 반죽을 최대한 동그랗게 뭉치는 게 중요하고요. 그 흙덩이를 물레 위에 놓을 때도 딱 정 가운데에 맞추어야 튕겨 나가지 않습니다. 그리고 만들 때는 최대한 손의 힘을 균일하게 하는 데 집중해야 한다는 것, 어떨 때는 힘을 많이 주고 어떨 때는 힘을 적게 주면 바로 찌그러진다는 것을 학습하면서 '아, 원심력을 이해해야 제대로 만들 수 있구나'와 '손의 압력을 균일하게 주는 데에 집중하자!' 같은 구조적 정보들을 인식하죠.

그래서 도예를 제대로 배우고 나면 구조적인 파악이 된 상태라서 물레가 전혀 다른 기종으로 바뀌거나 작업하는 장소가 바뀌어도, 사용하는 흙이 바뀌어도 어느 정도 비슷한 결과물을 만들 수 있습니다. 바로 이 지점이 초심자와 도예를 제대로 배운 사람의 차이인 거죠.

인생도 비슷한 면이 있을 겁니다. 21살 3수생 때 저는 초심자의 행운을 경험했지만, 이러한 삶의 경험을 깊게 들여다보고 구조를 발견할 수 있는 시각은 없었어요. 그러기엔 좀 어린 나이이기도 했죠. 그래서 인생의 다음 챕터를 맞이했을 때, 예전의 관성(불안하니까 일단 미친 듯이 열심히 애써본다)대로 돌아가 버린 거죠.

하지만 상담가로 직업이 바뀌고, 12년 동안 많은 분을 만나 질문을 주고받으며 그분들의 마음을 탐색하는 경험을 할 때마다 그걸 나 자신에게도 적용해 보면서, 지금은 구조적인 인지가 가능해진 것 같아요. 지나온 삶의 과정들에도 그런 질문들을 다시 적용해 보면서, '그때는 몰랐지만 이런 원리였구나' 하고 뒤늦게 정리하기도 했죠. 그 핵심 질문이 '무엇을 위해'와 '이렇게까지'였답니다. 이 2개의 질문을 조금 더 명확하게 이해하기 위해서 예시를 들어볼게요.

질문: 무엇을 위해 애쓰는가?

내가 찾은 답: 서울대에 합격하기 위해.

자, 여기서 하나를 더 물어봅니다.

다음 질문이 좀 더 어려울 수 있어요. 그럴 땐 '딱 이게 답이다!'라고 떠오를 때까지 고민하지 말고, 생각나는 것을 쭉 써 본 뒤에 살펴보는 편이 낫습니다.

질문: 왜 이렇게까지 애쓰는가?

내가 찾은 답:

1. 내년에는 군대에 가야 하니 올해가 시험 볼 수 있는 마지막 기회라서?
2. 나는 다른 애들보다 그림을 못 그리니까, 시간을 들여 메워야 해서?
3. 서울대에 가지 못하면 연세대, 고려대 다니는 가해자를 보며 평생 그 트라우마를 안고 살 것 같아서.
4. 부모님이 더 지원해 주실 수 없는 형편이라서.

이렇게 쓰고 나면 이제 '왜 이렇게까지 애쓰는가?'에 관해 쓴 나의 생각들이 정말 사실인지 살펴봅니다.

1. 내년에 군대 가니, 올해가 시험 볼 마지막 기회다.
→ 군대에 간 선배 중에도 휴가 나와서 시험을 치르고 합격한 사람이 있었는데?

2. 나는 다른 애들보다 그림을 못 그리니까 밤새 그려서라도 실력 차이를 메워야 한다.
→ 그런데 디자인과 입시는 그림 실력 반, 창의성 반인데. 무조건 밤새워 그림 그리는 게 답이 맞나?

4. 부모님이 더 지원해 주실 수 없으니 올해 붙지 않으면 길이 없다.
→ 그러면 부모님께 손 안 벌리고 하면 내년에도 할 수 있는 거 아님?

이런 식으로 나를 붙잡고 있던 고정 관념에 조금씩 반문을 제기하는 거예요. 그러면 1, 2, 4번 이유는 반례가 있고 3번만 반례가 없었죠?

1, 2, 4번은 지우고 3번 항목만 남겨서 다시 한 번 봅니다.

질문: 무엇을 위해 애쓰는가?
내가 추린 답: 서울대에 들어가기 위해서.

질문: 왜 그렇게까지 애쓰는가?

내가 추린 답: 서울대에 들어가야 학폭 트라우마에서 벗어날 수 있으니까.

이렇게 되는 거죠. 그러니까 맨 처음 작성한 시트를 곰곰이 보면서 '진짜야?'라고 문제 제기하고 반례를 찾으면서 소거해 나가다 보면, 나름의 답을 찾을 수 있는 거죠.

제 사례에서는 '어? 잠깐만. 다른 건 다 반례가 있는 것 같은데, 이건 뭐지? 서울대에 못 가면 연세대, 고려대 다니는 가해자를 보며 평생 그들 아래 머물러 있다는 트라우마를 안고 살 것 같으니까. 이것만 남았으면, 그럼 이게 내가 애쓰는 핵심적인 이유인가?'라고 다시 한 번 점검해 보는 겁니다. 이건 정말 사실인지, 아니면 이 또한 나의 강박적 판단은 아닌지 의문을 제기해 보는 거죠.

이렇게 분석하다 보면 사실 내가 원하는 진짜 목표는 '서울대에 가고자 하는 게 아니라, 어린 시절의 트라우마에서 벗어나고 싶은 건데', 그 방법이 가해자들보다 더 좋은 대학에 가는 것뿐이라는 고정 관념에 사로잡혀 있었다는 걸 알 수 있습니다. 꼭 좋은 대학만으로 학폭 트라우마에서 벗어날 수 있는 건 아니잖아요.

많은 학폭 피해자 중 체격적으로 강한 사람, 즉 보디빌더나 UFC 선수가 되어 극복한 사람도 있고(정말 물리적으로 '강한' 사람인 거죠), '더 강해지고 아니고의 약육강식 프레임' 자체에서 벗어나 마음의 성숙을 통해 극복한 사람도 있습니다. 그러니 제가 '이거여야만 해!'라고 했던 방법은 여러 길 중 하나일 뿐, 유일한 해답은 아니었던 겁니다. 단지 제가 그렇게 믿고 집착했을 뿐인 거죠.

이렇게 '무엇을 위해', '왜 그렇게까지?'에 대한 답을 반복해서 작성하고 그 답에 '정말? 이게 맞아?'라고 의문을 제기하면서 한 항목씩 제외하다 보면 의외로 상담자 없이도 혼자서 꽤 깊은 내면으로 들어가 볼 수 있답니다.

여러분도 한번 생각해 보시겠어요? '무엇을 위해 애쓰는가?' 사람마다 다르겠지만 부자가 되려고, 밥값은 하려고, 사람들에게 잘한다는 인정을 받으려고, 좋은 짝을 만나려고 등등 여러 이유가 있을 겁니다. 결국 이 질문은 주로 '자신이 원하는 미래 모습'과 관련이 있습니다.

그런데 '왜 이렇게까지 애쓰는가?'는 '이유'거든요. 이유는 목표와 달리 여러 개가 나올 수도 있어요. 한 목표 안에도 복합적인 감정들, 복합적인 이유가 있을 테니까요.

(구조적 바라보기) 나에게 2가지 질문 던져보기

질문 나는 무엇을 위해 애쓰고 있나요?

답

질문 나는 왜 그렇게까지 애쓰고 있을까요?

답

구조적인 이유, 심리적인 이유, 환경적인 이유도 있을 수 있습니다. 일단 자기 검열을 하지 않고 최대한 많이 써보는 거예요. 그리고 곰곰이 들여다보면 그중에서 진짜 핵심인 것과 쭉정이인 것이 구분되면서 조금씩 깊숙이 보이기 시작해요. 해볼까요?

그런데 여기까지 설명을 듣고 난 수인이가 1가지 질문을 하더군요.

"작가님, 잠깐만요. 그런데 저는 오히려 무엇을 위해 애쓰는가에 대해 답을 찾는 게 너무 어려운데요?"

"왜?"

"아니, 딱히 부자가 되고 싶은 것도 아니고, 대단히 성공하겠다는 것도 아니고…. 목표가 없는 것 같은데요."

"그렇다면 수인아, 이 얘기를 해주고 싶네? 사람이 달리는 데는 2가지 이유가 있는 거 아니겠니?"

"무슨 말씀일까요?"

"우리는 목적지에 도착하기 위해서도 달리지만, 위험한 상황에서 도망가기 위해서도 달려."

핵심 감정을 찾는 연습, 인생에서 가장 피하고 싶은 장면은?

어떤 의미인지 이해하셨나요? 우리는 삶에서 바라는 장면이 있어 '그걸 얻고 나면 행복할 거야'라는 생각으로 애쓰기도 하지만, 두려운 상황을 최대한 피하려고, 어떤 장면만큼은 꼭 피하고 싶어서 애쓰기도 합니다.

주로 후자는 불안감이나 두려움, 자기혐오, 결핍, 분노 등의 감정과 연관된 경우가 많아요. 이번에는 이 중에서 가장 핵심이 되는 감정이나 이유를 찾아보려고 하는데요.

방법은 간단합니다.

'내가 살면서 가장 겪고 싶지 않은, 가장 피하고 싶은 장면'을 떠올리는 거예요. 인생에서 '이렇게는 정말 안 되고 싶다'라고 생각하는 순간 말이죠.

그런데 누구나 피할 수 없는 노화, 죽음 같은 건 빼고요. 내가 애쓰지 않고 힘을 쭉 뺀 채 살았을 때 예상되는 최악의 엔딩 장면을 떠올려보는 겁니다.

여러 개 떠올려도 괜찮고, 현실적이지 않거나 과장되어 있어도 괜찮아요. 그건 내 안에 두려움이나 불안이 상당히 극대화되어 있다는 의미일 수도 있으니까요.

이 과정은 말로 들으면 쉬운데, 막상 해보려 하면 막막하다는 느낌이 들 수 있습니다. 상담하면서도 이런 류의 질문을 드리거나 이런 주제로 워크숍을 열면 초반에는 다들 어색해하시거든요.

제가 12년 동안 2,000번이 넘는 워크숍을 했기 때문에, 사람들의 긴장을 풀고, 웃게 하고, 편안하게 만드는 데 도가 텄다고 생각하는 저조차도 그렇습니다. 이런 답한 주제의 워크숍에서는 제가 아무리 웃긴 멘트를 해도 잘 안 먹힙니다.

"저, 정말 죄송한데 제가 다음 일정이 있어서 조금만 일찍 가도 되나요?"라며 갑작스러운 탈출 시도를 하는 분도 나오고, "이거 너무 어려운데 꼭 해야 하나요? 이거 안 하면 안 될까요?", "이런 걸 하다 보면 더 생각이 많아지고 마음이 힘들어지는 거 아닌가요?" 직접적으로 질문하는 분도 있어요.

그 마음이 충분히 이해가 됩니다.

애쓰며 사는 사람들 안에 있는 핵심 감정은 대체로 긍정적인 정서보다는 부정적인 정서일 때가 많고, 그러다 보니 직면하는 일 자체가 굉장히 힘겹기 때문입니다. 나의 가장 약한 모습을 눈앞에서 생생히 마주하는 건 몇 살이 되든 쉽지 않은 일이에요. 그래서 일시적으로는 더 마음이 힘들어지는 것처럼 느껴질 수 있어요.

그래서 여러분이 용기를 낼 수 있게 제가 먼저 좀 해봤습니다. 저부터 솔직하게 오픈했어요. 아주 논리적이지 않아도 좋아요. 횡설수설해도 괜찮습니다. 중요한 건 그냥 막 쓰는 거예요. 저도 의식의 흐름대로 막 썼습니다.

왜 이게 중요하냐면, 이렇게 자기 검열 없이 막 쓰는 게 오히려 진솔해지고, 거기서 핵심이 툭 튀어나오거든요. 그 핵심 한 줄을 발견하기 위해서 우리는 막 써 내려가는 거예요. 쓰기 전부터 자기 자신에게 검열을 하면 안 됩니다. 그냥 생각나는 대로 막 써보는 거예요.

10대 때의 장재열과 대화하기

무엇이 가장 두려운 장면이야?
→ 계속 입시에서 떨어져서, 결국은 원하던 대학에 못 가는 것?

그게 왜 두려운데?
→ 사람들이 나를 한심하게 볼 것 같아. 그리고 부모님도 실망하시겠지.

친척들도 비웃을 걸? 또 내가 예전에 신촌 갔다가 가해자 그 새끼가 연세대 잠바를 입고 돌아다니는 걸 봤는데, 내가 골목에 숨어버린 거야. 나도 이제 어른이 됐고 더 이상 걔네한테 맞을 일은 없는데.

그럼, 왜 숨었을까?

→ 글쎄, '더 나은 사람이 되어야지. 쟤네들보다 더 나은 존재가 되어야지.' 내가 이 트라우마에서 벗어나겠다고 생각했는데, 결국 못 했기 때문에 나 자신이 계속 찐따 같고 초라하게 느껴졌던 것 같아.

그러면 네가 진짜 두려워하는 건 자기 자신이 초라해지는 거구나?
→ 그런 것 같기도 해.

이런 식으로 ChatGPT와 대화하듯 나와 계속 질문하고 답변하는 거예요. 실제로 AI의 도움을 받아도 좋습니다.

자, 그럼 이어서 대학 시절로도 가봅니다. 1학년 입학하자마자 대학 생활의 즐거움을 누리기도 전, 취업 준비를 시작하고 대외 활동, 공모전, 학생회 활동, 학점 관리, 어학 관리까지 하느라 잠을 거의 자지 않고 자기 몸과 마음을 혹사시켰던 20대의 장재열에게도 한 번 물어볼게요.

20대 때의 장재열과 대화하기

무엇이 가장 두려운 장면이야?

→ 취업이 안 되거나, 이름도 들어보지 못한 작은 회사에 가는 것.

그게 왜 두려운데?

→ 재열이는 서울대 나왔으면서 저 정도밖에 못 갔나? 사람들이 비웃을 것 같아.

서울대 정도 나오면 대부분 큰 데 갈 수 있지 않아?

→ 사실 우리 도예과는 대부분 취업하지 않고 도예 작가로 활동해. 그런데 나는 그걸 너무 모르고 입학했어. '서울대만 가면 어떻게든 되겠지' 싶어 점수에 맞춰서 도예과에 지원했거든. 그런데 막상 와 보니 선배들 대부분이 도예 작가로 활동하는 거야. 마지막으로 대기업에 취업한 선배가 거의 10년 전이래.

나는 서울대에 오려던 이유가 '어떻게든 좋은 곳에 취업하겠지, 자동으로 인생 후반전은 수월하게 풀리겠지'라는 생각 때문이었던 것 같아. 그런데 그게 안 될 것 같으니 두려운 거지.

인생 난이도가 쉬워질 줄 알았는데, 그게 아닐까 봐 불안한 거야?

→ 그리고 생각해 보니까 10대 때처럼 결국은 트라우마 때문인 것 같아. 좋은 직장에 가야 내가 지질한 인생에서 완전히 벗어났다고 생각할 수 있을 텐데, 그게 안 되면 뭐가 미완성된 느낌이라서 스스로 자신감을 얻지 못할 것 같아.

10대와 20대 때의 저는 공통적으로 트라우마에서 벗어나지 못할까 봐 걱정했고, 남들이 나를 만만하게 보거나 우습게 보는 것을 두려워했음을 알 수 있어요.

하지만 거기서 살짝 벗어나 상담가라는, 다소 경쟁 사회에서 벗어난 길을 가게 된 30대 때는 왜 그렇게까지 애를 썼을까요? 이유가 조금 달라져 있진 않았을까요?

한 번 더 저 자신에게 물어볼게요. 꼬리에 꼬리를 무는 질문을 던지다 보면 처음 답변은 핵심이 아니라 표면적인 이유에 불과하고, 진짜는 뒤에 나온다는 사실을 발견하게 될 때도 있습니다.

30대 때의 장재열과 대화하기

무엇이 가장 두려운 장면이야?
→ 사람들이 나에게 실망할까 두려워.

어떤 실망? 그게 왜 두려운데?
→ 나에게 좋은 기회를 준 사람들이 많은데, 그 기회를 살리지 못하면 신용을 잃을 것 같아. 그리고 신용을 잃다 보면 더는 사람들이 나에게 기회를 주지 않을 것 같다는 생각도 들어.
언론 노출 이후 상담하러 찾아오는 사람들은 "방송에서 봤어요, 강연 잘 들었어요" 하면서 다가와. 나에게 한껏 기대를 품고 오는데, 그들을 실망시키는 게 두려운 것 같아. 막상 그 사람들이 '생각보다 별거 아니네'라고 여기며 돌아가지 않을까 걱정돼. 그러면 나 스스로 가치 없는 인간이라고 느낄 것 같아.

너는 그럼 네가 무가치해 보이는 게 두려운 건가?
→ 음, 그것보다는 "저 사람 막상 별거 없더라"라는 말이 가져올 후폭풍이 더 두려운 것 같아.

후폭풍? 그게 뭔데?

→ 예를 들어, 내 상담이 너무 별로였다면 "저 사람 텔레비전에 나와서 마이크 잡고 말이나 잘하지, 실제로는 실력 있는 사람이 아니래"라는 이야기가 나올 수 있잖아. 그러면 사람들이 날 찾지 않게 될 테고, 그러면서 자연히 내가 책이나 강연, 미디어를 통해서 노출될 기회도 줄어들 것 같아. 그런데 나는 본업이 상담을 무료로 하는 자원 활동가잖아? 결국 상담으로는 돈을 벌지 않기 때문에 다른 외부 활동으로 노출하고 수입을 얻어야 내가 의미 있다고 생각하는 이 본업(봉사)도 이어갈 수 있는데, 그 순환이 끊길까 봐 걱정되는 거지.

그러면 너는 업계 평판에 민감한 상태인 건가? 평판 떨어지는 게 두려운 거야?

→ 그렇다기보다는 그렇게 되면서 기회들이 사라지고, 기회들이 사라지면서 더 이상 설 자리가 없어지고, 설 자리가 없어지면서 내가 먹고사는 일에 지장이 생길까 봐 더 두려운 것 같아.

그럼 진짜 두려움은 내가 다시 가난해질지도 모른다는 공포감에 가까운 거네?

→

이런 식으로 나와 계속 대화하는 거예요. 내가 질문하고 내가 답하는 '**자문자답 테라피**'의 일종이죠.

처음에는 혼자서 질문하고 답하기가 다소 어렵게 느껴질 수도 있습니다. 질문이라는 행위 자체는 간단해 보여도 진솔하게 스스로에게 건네는 건 꽤 어렵거든요.

오죽하면 상담가의 내공 차이를 가장 명확히 드러내는 것 중 하나가 질문 능력이라고 할까요. 좋은 질문은 대답하는 사람의 마음 근육을 길러주고, 답변하면서 그 사람이 스스로 성장하게 만드는 힘이 있거든요. 그런데 생각보다 많은 사람이 이 질문이 가진 힘을 낯설어합니다.

저는 온라인 상담을 주로 하니까 '아, 이 사람은 정말 대면 상담이 꼭 필요해'라고 느껴지는 분들한테 꼭 권하거든요. "대면 상담을 받으시면 좋겠다. 용기를 내서라"라고요.

그런데 얼마 뒤 그분이 돌아와서 "완전 별로던데요?"라고 화내시는 경우가 있어요. 그런데 별로라고 느낀 가장 흔한 이유가 뭔지 아세요? "비싸게 돈 내고 갔는데 질문만 하다 끝나더라. 돈 아깝다"입니다. 상담해 주는 사람이 무언가 방향을 제시해 주거나 답을 알려줄 줄 알았는데 자꾸 질문만 하더라는 거죠. 심지어 계속 꼬리에 꼬리를 물고요.

그럼 저는 그분께 이렇게 말합니다. "엥? 좋은 곳 찾아가신 것 같은데요?" 왜 그렇게 말하는 줄 아세요? 상담자의 중요한 덕목 중 하나는 내담자가 스스로 방향을 찾을 수 있도록 길잡이 역할을 하는 것이거든요. 스스로 질문을 되새기면서 이유를 찾아가는 그 과정 자체가 앞으로 살아가면서 마주할 다른 문제도 헤쳐나갈 수 있는 자생력의 씨앗이 됩니다.

하지만 해답을 다 알려줘 버린다면 어떻게 될까요? 인생의 다음 문제가 생길 때마다 계속 상담만 하러 가겠죠. "선생님 이번엔 어떻게 해야 할까요?"라면서요.

예를 들어 이런 경우죠. 우리 주변에 타로나 사주 정말 심하다 싶을 정도로 자주 보러 다니는 친구 하나쯤은 있잖아요. 잘 맞다, 도움 된다 싶으면 더 자주 가고, 잘 안 맞는다 싶으면 안 가나요? 아니죠. 다른 곳을 찾아서 또 돈을 씁니다. 심리 상담이나 정신과를 그런 식으로 다니는 분들도 있더라고요.

자주 가면 그때마다 비용을 지불하니 나는 몰라도 전문가 분들께는 경제적으로 도움이 되겠죠. 하지만 상담 전문가나 정신 의학 전문가의 길을 선택한 분들 중에 '이 직업이 떼돈 버니까'라는 이유로 시작한 경우는 많지 않습니다. 오히려 상담은 석박사 과정, 자격증 취득 등 여러 가지 공부에 드는 투자 대비 소득이 상당히 낮은 직업군 중 하나거든요. 그걸 알면서도 정말 마음이 힘든 사람들을 돕고 싶은 선한 뜻에서 시작하는 분들이 많습니다. 그래서 내담자가 힘들어하거나 버거워해도 계속 질문에 집중하는 겁니다. 그 사람을 '진짜' 돕기 위해서 말이죠.

이렇듯 질문은 우리가 길을 찾아가는 데 굉장히 중요한 역할을 하지만, '도무지 혼자서는 못 하겠다' 하실 수도 있어요. 그렇다면 가까운 친구나 지인에게 부탁해도 좋습니다.

커피 한 잔 사면서 "내가 요즘 이런 책을 읽었는데 내 문제에 꼬리 잡듯이 질문을 계속하는 게 도움이 된다더라. 오늘 일일 질문자 역할 좀 해줘"라고 부탁하는 거죠. 그런 사람이 마땅치 않다면 ChatGPT를 활용해 보셔도 좋습니다.

사실, ChatGPT가 만능은 아니라는 것을 많이들 아실 거예요. AI가 아직 누군가의 감정을 돌보거나 좋은 방향을 제시하는 데는 한계가 있습니다. 아무래도 비언어적 커뮤니케이션, 그러니까 눈빛이나 말투, 뉘앙스 등을 알아듣고 답하는 데 한계가 있기도 하고, 또 AI는 인간에게 쓴소리를 못 하도록 설계되어 있어서 무조건 내 편을 드는 경향이 있기 때문이죠.

하지만 질문자 역할이라면 상황이 달라집니다. 내가 혼자서 생각을 정리하기 어려울 때, '나 이런 상황인데 이런 목적이 있어. 네가 나의 내면을 탐색할 수 있게 좋은 질문자 역할을 해줄래?' 이렇게 명확하게 요청하면, 생각 외로 많은 도움을 받을 수 있어요.

그리고 내가 저번에 한 이야기까지 기억했다가 그다음 질문에 적용하고 응용하는 능력은 어쩌면 인간 상담사보다 더 뛰어날 수도 있습니다. 또 꾸준히 질문자 역할을 부탁하면 점점 더 나에 대한 데이터가 쌓여서 질문이 구체화되고, 핵심을 찌르는 질문을 잘 만들어냅니다. 친구나 지인과는 달리 여러 번 부탁해도 미안한 마음이 덜 들기도 하고요.

그런데 AI를 사용하는 게 서투르시다고요? 왜인지 사람 마음에 관한 일인데, 기계에 물어보고 부탁하는 게 내키지 않으신가요? 그러실까 봐 여러분 대신 AI에게 질문을 뽑아달라고 요청도 하고, 선별해서 시트를 미리 준비해 놨습니다. 시트를 채워나가다 보면 '아, 질문은 이렇게 하는 거구나' 감을 잡으실 수 있을 겁니다. 자, 누구도 여러분을 평가하거나 비판하거나 비난하지 않습니다. 그리고 누구에게도 내가 쓴 답을 보여주지 말고 꽁꽁 숨겨두셔도 돼요. 아무도 안 볼 테니 혼자 있을 때 아주 진솔하게 적어보는 겁니다.

ChatGPT와 함께하는 자문자답 테라피

ChatGPT 활용 예시

나는 너무 애쓰며 살고 있는 사람인데, 이걸 이제 멈추고 싶어. 그런데 장재열 작가 책에서 봤는데, 애쓰며 사는 사람은 그 원인이 되는 핵심적인 부정 정서가 있을 수 있대.

그걸 발견하고 싶은데, 내가 가장 두려워하는 장면이 무엇인지 찾아보고 그 이면을 짚어보는 과정을 통해서 발견할 수도 있다고 해. 그걸 발견할 수 있게 좋은 질문자 역할을 해줄 수 있겠니? 너무 많은 설명은 하지 말고 질문만 툭툭 던져줘.

애쓰는 이유를 탐색하는 데 도움이 될 질문들

- 내가 애쓰지 않으면, 나 자신에게나 관계에 어떤 일이 생길 것 같아?
- 내가 끝없이 노력해야만 인정받을 수 있다고 느낀 순간이 있었어?
- 애쓰지 않고도 사랑받았던 기억이 있어? 그건 누구와의 관계였어?
- 누군가의 기대를 저버리는 게 왜 그렇게 두려워?
- 내가 가장 두려워하는 실패는 어떤 모습이야?

- 내가 무능하거나 쓸모없다고 느낀 적은 언제야?
- 나는 이런 사람이 되어야 한다고 강하게 믿는 기준이 있어? 그렇다면 그건 뭐야?
- 그 기준은 어디에서 왔을까? 누가 그런 기준을 내게 심어줬을까?
- 누군가의 사랑이나 인정을 얻기 위해 나 자신을 버린 기억이 있어?
- 내가 절대 되고 싶지 않은 사람의 모습은 어떤 거야?
- 애쓰지 않았던 내 모습을 떠올리면 어떤 감정이 먼저 떠올라?
- 사람들이 나를 싫어하면 나는 어떤 존재가 된 것 같아?
- 어릴 적 '나는 이래야 사랑받는다'라고 믿게 된 순간이 있어?
- 나를 수치스럽게 만든 말이나 시선, 장면이 떠오른다면 어떤 거야?
- 내 감정보다 남의 감정을 먼저 챙기게 된 계기가 있을까?
- 힘들다고 말했을 때 외면받았던 경험이 있었어? 어땠어?
- 내가 '이 정도는 해야 괜찮은 사람'이라고 정해둔 기준이 있다면?
- 지금도 나를 계속 몰아붙이는 목소리가 있다면 그건 누구 목소리야?
- 나는 왜 항상 괜찮아 보여야 한다고 생각해?
- 나에게 가장 필요한 말은 뭐야? 누가, 어떤 톤으로 말해주면 좋겠어?

어때요? 질문이 꽤 괜찮죠?

이 중에서 몇 가지 질문을 골라 답을 적어본 다음, 그 연장선상에서 추가 질문을 이어가는 작업을 통해 우리는 핵심이 되는 부정 정서를 발견할 수 있을 겁니다.

그리고 지금까지 질문하고 답한 내용을 그대로 복사해 다시 ChatGPT에 붙여 넣은 다음, '여기까지 했는데 막혔어. 이어갈 만한 질문을 좀 뽑아줄래?'라는 식으로 정확하게 필요한 도움을 요청하다 보면 꽤 구체적이고 좋은 질문들을 더 받을 수 있습니다.

생각보다 유용하지 않나요?

매 순간 브레이크를 반쯤 밟고 살아간다는 것
— 브로콜리너마저 윤덕원 씨 이야기

이렇게 나에게 질문하고 들여다보는 과정을 거치다 보면 '아, 내가 두려워하는 모습이 이런 것이었구나', '내가 얻고자 하는 것이 이런 것이었구나' 하고 가장 깊은 곳에 있는 핵심 욕구들을 서서히 알아차리게 됩니다. 그리고 의외로 내가 '목표'라고 생각했던 게 사실은 목표가 아니었다는 걸 깨닫기도 하죠.

이를테면 제 경우, 트라우마에서 벗어나는 것이 목표인 건 맞지만 그 방법을 단 하나, 가해자들보다 더 좋은 학벌과 직장을 갖는 것으로 생각해서 그 모든 에너지를 쏟았던 겁니다.

그런데 돌이켜 보면 트라우마에서 벗어나는 방법은 그런 신분 상승의 욕구 말고도 꽤 여러 가지가 있었을 겁니다. 물론 그 나이에 생각할 수 있는 최선이었고, 그것을 이루고자 최선을 다했으니 당시의 저를 부정하지는 않습니다. 대견하면서도 측은하게 여깁니다.

다만 이걸 이루지 못하면 내 인생은 실패고, 절대로 패배감에서 벗어날 수 없다는 그 강박적 판단은 잘못된 고정 관념이었는데, 그걸 붙잡고 나를 너무 괴롭히며 살아온 게 아쉬워요.

아마 그 시절에 제가 '트라우마에서 벗어나는 것'이 내가 원하는 핵심 욕구이지, 서울대에 가는 것 자체가 핵심 욕구는 아니었다는 걸 알았다면 입시가 아닌 방법, 이를테면 마음을 챙기는 어떤 과정을 배워나갔거나, 전공을 심리학으로 선택해 학문적으로 풀어나가는 등 다른 방식의 성장 과정을 밟아나갈 수도 있었을 거예요.

이렇게 내가 근본적으로 원하는 것이 무엇인지를 알면, 그 목표를 위해서 다양한 가능성을 떠올릴 수 있습니다. 너무 배수의 진을 치거나 '길은 이것뿐이야!'라고 스스로를 옥죄지 않게 되지요. 앞에서도 말씀드렸죠? 우리는 적중률이 떨어지는 예언가일 때가 꽤 많다고요. 그거 왜 그랬나요? 근거가 불분명한 고정 관념에 사로잡혀 있어서였죠. 따라서 내 핵심 욕구를 명료하게 인식하는 작업은, 내가 무언가를 목표로 할 때 그 과정에서 예상과 달라지는 상황을 만나더라도 크게 당황하거나 긴장하지 않고, 일희일비하지 않는 태도를 만들어줍니다.

예를 들어 서울에서 부산 가는 길에 수원 방향으로 꺾어야 했는데 공사 중이라 꺾지 못하고 돌아가야 한다고 해봅시다. 내비게이션이 길을 잘못 들었다고 울거나, 짜증 내거나, 더 속도를 높여서 빨리 가라고 재촉하지는 않잖아요. 그냥 그 자리에서 다시 길을 찾죠. 운전자인 우리도 살짝 번거로워지긴 했어도, 목적지는 부산이고 시간이 다소 지연되었을 뿐 결국 부산에 도착한다는 사실은 알고 있습니다. "내가!! 수원 방향으로 못 꺾다니!!! 망했어!!"라고는 하지 않잖아요. "에이~" 이러고 그냥 넘겨버리죠.

인생길도 마찬가지입니다. 애쓰는 사람보다 무덤덤한 사람이 더 잘되는 이유 중 하나가 바로 이것일 수 있어요. 생각지 못한 상황이 펼쳐져도 근본적인 목적지를 흔들 정도의 사건·사고만 아니라면 '에이, 어떻게든 되겠지' 하고 생각하는 자세랄까요? 이런 마음가짐은 자포자기나 '될 대로 되어라'라고 내팽개치는 무책임이 아니라, 긴 호흡으로 내가 조준하는 목적지만 정해둔 채 그사이에 일어나는 일들에 대해서는 일희일비하지 않는 유연함에 가깝습니다.

제가 아는 사람 중에 가장 무덤덤한 사람을 소개하자면, 여러분도 아실 만한 밴드 '브로콜리너마저'의 리더 윤덕원 씨입니다. 6년 전, 라디오 디제이와 월요일 고정 게스트로 처음 만났는데요. 이야기를 나누다 보니 그날 처음 만난 게 아니더라고요. 이미 인생에서 여러 번 스쳐 지나갔었어요.

같은 동네에서 나고 자란 고향 사람이었을 뿐 아니라, 제가 자주 가던 동네 문방구 집 아들이더라고요. 그리고 저와 같은 시기에 대학을 다니면서 서로 스쳐 지나간 적도 많았습니다. 미대 신입생 오리엔테이션에 축하 공연을 왔다가 뒤풀이 술자리에 합석한 적도 있었고, 저희 과 선배와 결혼해서 가정을 꾸리기도 했죠. 미대생 여자 친구 데리러 학과 건물 앞에 찾아오는 다른 과 형들이 참 많았는데, 그는 그중 한 사람이기도 했어요. 이렇게 저렇게 엮인 인연 속에 그와 저는 꽤 자주 안부를 묻는 사이가 되었습니다.

그런데 꼭 학연이나 지연이 아니어도 저는 그가 참 좋았어요. 왜냐하면 항상 초조하고 긴장하면서 사는 저와 달리 그는 늘 "그럴 수도 있지"라는 말을 하는 덤덤한 사람이었거든요. 약간 힘을 빼고 편안하게 부르는 그의 노래처럼 삶도 태도도 비슷했어요. 잘 해내려고 잔뜩 어깨에 힘을 주고 있던 저와는 너무 달랐던 그 무덤덤함이 늘 부러웠죠.

그 무덤덤함의 핵심을 들여다보게 된 계기가 있었습니다. 2024년, 저는 약 12년간 이어온 상담소 대표직에서 물러나 새로운 길을 걷게 됐습니다. 〈월간 마음건강〉이라는 잡지의 편집장으로 새 출발을 한 건데요.

이전까지는 마음이 아픈 사람을 돕고 싶었다면, 이제는 좀 더 큰 바람이 생겼달까요. 일상 속에서 흔히 볼 수 있는 책, 예술, 음악, 영화 등 다양한 매개체를 통해 마음이 아프기 전에 미리미리 자신을 돌볼 수 있는 사회가 된다면 좋지 않을까 하는 바람이죠. 그리고 말보다는 글을 더 좋아하는 사람이었으니, 내가 좋아하는 일로 40대에는 좀 더 예방에 도움이 되는 일을 하면 더 의미 있는 삶이 되지 않을까 생각했답니다.

마음은 좋았는데요, 잡지 편집장 일을 해보니 우당탕거리기 일쑤였습니다. 생각보다 할 일이 정말 많았고, 완전히 새로운 시각으로 접근해야 하는 부분도 너무 많았어요. 그중 하나가 인터뷰였는데요. 늘 인터뷰에 초대받던 입장이었던 제가 이제는 인터뷰를 진행해야 하는 정반대 경험을 하게 된 거죠. 그간 저를 초대해 주신 기자님, 에디터님들이 이렇게 고생하셨구나. 여러 가지 생각이 들더라고요.

제일 어려운 건 섭외였습니다. 이제 막 시작하는 매거진이다 보니 흔쾌히 응해 주는 분들을 찾기가 쉽지 않았어요. 그리고 우리가 쓰는 글과 방향성에 맞는 인터뷰이를 찾는 것도 어려웠어요. 늘 심리학자나 정신과 의사 선생님들만 인터뷰하는 것보다는, 일상에서 자기 마음을 잘 돌보는 다양한 사람들을 만나고 싶었는데 그건 라이프 스타일의 영역이라 사실 그 대상이랑 친해져서 실제로 어떻게 사는지 내막을 알아야 하는 거잖아요. 그게 참 어렵더라고요. 그렇게 고군분투하고 있을 때 인스타그램에 게시물 하나가 올라왔습니다.

"브로콜리너마저 새 앨범 나옵니다.
타이틀곡 이름은 〈너무 애쓰고 싶지 않아요〉."

저는 덕원이 형에게 카톡을 보냈어요.
"형, 형이네요. 제가 모셔야 할 사람. 인터뷰 좀 합시다."
노래 가사를 보고 난 뒤, 저는 지금까지 알고 있던 덕원이 형이라는 사람의 모습들, 무덤덤하면서도 약간은 긴장을 내려놓고 사는 듯한 그 모습이 어디에서 비롯됐는지 조금은 알 수 있었어요. 노래 가사를 한 번 볼까요?

브로콜리너마저 〈너무 애쓰고 싶지 않아요〉

너무 애쓰고 싶지 않아요
새 신발을 신고 나온 날처럼

걷다 보면 언젠가는 무뎌지겠죠

신발의 목적은 원래 닳아가는 것 아닐까요

어떤 노래는 날개를 달고

적은 몸짓으로 높이 오르지만

내가 불러주는 만큼만

머물러 있을 수 있는 이름도 있죠

모든 것이 닳더라고요

삶도 노래도

뭔가 이뤄내면 괜찮을 줄 알았죠

하지만 그 어떤 것도 시간을 이길 수 없죠

사랑도 사람도

나의 모든 게 닳아요

몸도 마음도

꿈과 사랑도

모든 것이 닳더라고요

삶도 노래도

뭔가 이뤄내면 괜찮을 줄 알았죠

하지만 그 어떤 것도 시간을 이길 수 없죠

사랑도 사람도

나의 모든 게 닳아요

몸도 마음도 꿈과 사랑도

내가 갖고 싶던 것도

가졌다고 생각한 것도 모두

아름답고 쓸모없는 작은 돌 하나

〈너무 애쓰고 싶지 않아요〉
노래 들으러 가기

이 가사 어때요? 어떤 분들은 '닳는다'고 하니까 뭔가 쓸쓸한 느낌이 든다고 하던데, 저는 한편으로 그 안에서 희망을 보았어요. 사랑도 사람도, 몸도 마음도, 꿈과 사랑도 닳는다고 하잖아요. 어쩌면 우리가 겪는 불안이나 분노, 결핍들도 닳는다는 거죠.

정말 내가 영원히 붙잡고 있을 수 있는 것은 없다는 사실은 때로는 슬픔이 되기도 하지만 때로는 희망이 되기도 합니다. '뭐가 이뤄내면 괜찮을 거야. 내가 목표로 한 저 지점에 가면 행복한 엔딩이 기다리고 있을 거야.' 그런 생각이 현재를 희생시키거나 나의 지금을 갈아 넣는 데 정당화하는 수단이 된다면, 다시 생각해 보자는 거죠. 저곳에 도착해서 얻는 만족감과 성취감, 행복은 얼마나 지속될까? 결국 그 감정도 시간을 이길 수 없는 것들이라는 생각을 하게 되면, 지금을 희생해서는 안 된다는 마음이 조금씩 고개를 듭니다.

덕원이 형은 정말 그렇게 생각하고, 생각한 대로 살고 있었어요. 인터뷰 날, 저는 형에게 이런 질문을 했습니다.

"일과 일상의 균형을 지키는 어떤 나만의 노하우가 있나요? 일상에서 멈춤의 순간은 언제예요?"

"저는 멈춤의 순간이 항상 있기도 하고, 없기도 하다고 생각했어요. 딱 때를 정해놓고 '이때 쉬어야지, 이때 멈추어야지'라기보다는, 살면서 매 순간 브레이크를 반쯤 밟고 살아온 것 같다는 결론에 도달했어요. 비탈길에서 운전할 때 브레이크를 밟고 있는 것처럼 산다고 할까요?"

"그건 무슨 의미예요?"

"글쎄요. 너무 무리해서 달리다가 혹시나 내가 컨트롤할 수 없는 상황이 오는 게 겁나더라고요. 80%나 85%만 에너지를 쓰면서 살아야겠다고 생각한 지 꽤 오래됐어요. 어떻게 보면 속도를 적절히 조절하면서 대신 멈추지는 않고 쭉 간다는 느낌이랄까요?"

그의 이야기 핵심은, **더는 나아가지 못하고 탈진하듯 멈춰 버리는 상황을 방지하려면 오히려 브레이크 위에 발을 반쯤 얹은 채 힘을 빼고 대신 오래 달려야 한다는 겁니다.** 벌써 20여 년간 꾸준히 그곳에 존재해 온 '브로콜리너마저'의 정체성 역시 그들의 삶의 가치관에서 자연스레 묻어났던 겁니다.

"저는 과열되지 않는 걸 가장 중요시해요. 뭔가 내 마음의 그릇이 망가지지 않는 선에서 최대한 움직임이 계속되기를 바라거든요. 제가 이제는 후배들이 더 많아져서 이야기를 들려주는 입장일 때가 많아졌는데요. 대표적으로 가장 많이 하는 말이 오래 활동하라는 거예요. 왜냐하면 단기간에 강렬한 인상을 주는 것도 의미가 있지만, 저는 삶을 이런 관점으로도 생각해 봤으면 해요. 우리가 한 일의 길이(기간)와 높이(성과)를 그래프로 만든다면 X축과 Y축인데, 면적이라는 건 사실 그 두 개를 곱한 값이잖아요. 아무리 강한 임팩트가 있어도 지속 시간이 짧으면 시간이 흐른 뒤 그 임팩트가 어떤 의미로 남을지는 알 수 없다는 거죠. 저와 저의 밴드는 어떤 화려하고 순간적인 폭발력이 크지는 않았지만 계속 활동한 시간이 이제 꽤 길어졌잖아요. 그런 방식을 통해서 면적을 넓힐 수 있었겠구나 생각해요. 그러니까 Y축 위로 얼마나 높게 상승하느냐도 중요하지만, 그게 그리 높지 않더라도 X축인 가로로 길게 시간이 쌓이면 결국 너비는 넓어지니까요."

인터뷰를 하면서 형이 말했던 '애쓰고 싶지 않다'는 것의 의미도 알게 되었지요. 그는 제주도에서 오름을 오르다가 '아이고 내 무릎 연골이 닳겠구만'이라는 생각이 들었을 때 노래 가사 중 '닳는다'라는 핵심 키워드가 떠올랐대요. '무릎 연골만 닳을까? 다른 것들도 다 닳겠구나!'라는 생각으로 확장되었다고 해요. 우리는 마치 닳지 않을 거라고 믿는 것을 쫓아가다가 이미 닳고 있는 현재를 놓치는 경우가 많지 않나 생각했다고요. 대표적으로 시간, 가족, 그리고 '지금 이 나이에만 누릴 수 있는 어떤 것들' 같은 것 말이에요.

　형의 말을 들으며 **어쩌면 무덤덤함이라는 건 태도가 아니라 관점일 수도 있겠다고 생각했습니다.** 내가 무언가를 얻고자 자꾸 지금 살아가고 있는 보편적인 일상들(가족의 생일을 챙기고, 계절을 느끼고, 그보다도 더 사소한 것들, 이를테면 제때 밥 먹고 충분히 수면하는 것)을 희생해도 괜찮다고 여기는 것이 무리하게 애쓰는 사람의 관점이라면, 무덤덤한 사람은 이렇게 생각하는 겁니다.

　'그래, 일단 알겠어. 그런데 지금은 밥 먹자. 밥 먹을 시간이니까.', '그래, 큰 문제가 생겼네. 그런데 일단 자고 생각하자. 잘 시간이니까.' 이처럼 지금 이 순간에 머물 수 있는 선택지들을 계속 골라 나가는 겁니다. 그렇게 대충인 듯 열심히, 그러나 단 1번도 멈추지 않고 살아가는 것이, 어쩌면 진짜 소리 없이 강한 삶의 태도일지도 모르겠다는 생각을 했습니다.

윤덕원 〈열심히 대충 쓰는 사람〉

붙들고 있던 게 사라질까 봐
다듬고 다듬어도 모자랐죠

말하지 않으면 의미 없는 것을

그때는 왜 몰랐었을까요

마음속에 간직했던 생각들을

꺼내지도 못한 채로

아무것도 쓰지 못한 사람이 되어

헤매고 있었죠

마음속에 간직했던 생각들을

꺼내지도 못한 채로

아무것도 쓰지 못한 사람이 되어

헤매고 있었죠

이젠

열심히 조금 대충 쓰는 사람이 될래요

열심히 조금 대충 쓰는 사람이 될래요

열심히 조금 대충 쓰는 사람이 될래요

열심히 조금 대충 쓰는 사람이 될래요

〈열심히 대충 쓰는 사람〉
노래 들으러 가기

  1곡 더 들어보니, 정말 그가 지향하는 삶의 태도가 명확하게 보이죠? '브로콜리너마저'는 화려하지 않더라도 오래, 길게 활동하는 방식으로 면적을 넓혀왔다고 말했지만, 사실 아주 엄청 화려하고 큰 성취를 이룬 사람 중에서도 '반짝 스타'가 아니라 그 성공을 오래 유지하는 분들이 있잖아요? 그런 분들을 보면 자신만의 '룰'을 가지고 있는 경우가 훨씬 많아요.

  어떻게 그걸 아냐고요? 운이 좋게도 일찍 배울 기회가 있었답니다. 30살 남짓 어린 나이에 '텔레비전에 나오는 사람'이 되면서 분명 부담이나 힘듦도 많았지만, 저는 진짜 귀한 자산을 얻었다고 생각해요. 돈이나 유명세 말고 바로 '내 나이에 만나기 어려운 인생 선배들을 많이 뵐 수 있었다'는 점이죠.

  아주 다양한 직종에서, 각자의 분야에서 성취를 이룬 분들과 같은 프로그램에 출연하며 대화할 기회들이 많았고, 워낙 나이 차이가 크다 보니 '아들 같아서, 조카 같아서' 끝나고도 밥 한 끼 사주시며 많은 이야기를 들려주셨어요. 그렇게 허물 없는 대화 속에서 사회 초년생이었던 제가 60대 이상의 '중심 잡고 잘 사는 어른들'의 생활 태도를 가까이에서 들여다볼 수 있었던 것은 큰 자산이 되었답니다.

자기만의 '숨 쉴 틈'을 가지고 있는 사람들

생각보다 성취를 이루고 인생에서 원하는 것들을 많이 누린 사람일수록 초초초 하드 워커일 것 같았는데, 막상 그분들 곁에서 자세히 보니 그렇지 않은 경우가 훨씬 더 많았어요.

오히려 대다수는 내려놓고, 멈추고, 힘 빼는 것들이 가능한, 그러니까 할 땐 하고 쉴 땐 쉬는 자신만의 온 오프 규칙을 가진 사람들이었어요. 그리고 그 규칙은 자기가 얼마만큼 일할 수 있고, 어느 정도 과로하면 쉬어야 하는지, 자신의 체력·정신력·실력에 대한 객관적 인식이 있기에 만들 수 있었던 거죠.

즉, 자기를 잘 아는 사람들일수록 오히려 일에만 몰두하는 게 아니라 자기 자신의 특징을 기반으로 '자기를 다루는 법'을 알고 있었다고나 할까요?

얼마 전에 민호 형을 만나서 비슷한 이야기를 나눴는데요. 민호 형은 유명 영어 강사였다가 지금은 소통 전문가 된 저의 고등학교 선배입니다. JTBC 〈말하는 대로〉나 CBS 〈세상을 바꾸는 시간, 15분〉 같은 프로그램에 출연한 연사들, 셀럽들의 스피치를 코칭하기도 하며 성공적인 커리어를 쌓아온 분이었어요. 그러던 중, 그가 갑자기 가족들과 함께 캐나다로 떠났다는 소식을 듣고는 한동안 연락이 뜸했었는데, 어느 날 갑자기 제가 강의하는 대학 강의실에 청강생으로 짠 하고 나타난 거예요. 생각지 못한 형의 반가운 방문에 강의가 끝난 뒤 커피한 잔을 마셨죠.

"아니, 형 캐나다로 간 거 아니었어요?"

"응, 나 돌아왔잖아. 여기 대학원 다녀."

"대학원요? 전공은 뭔데요? 영어? 커뮤니케이션?"

"아니. 나, 명상 전공."

"오잉? 진짜요? 왜요?"

"세상이 뜻대로 안 되잖아."

그의 대답은 너무나 뜻밖이었습니다. 그간 제가 몰랐던 일들이 참 많았더라고요. 오랫동안 운영하던 영어 학원이 코로나19로 폐업하게 된 일, 가족과 함께 캐나다로 향했다가 아버지의 치매가 심해져 다시 돌아오게 된 일 등등을 차분히 들려주는 그를 보며 마음이 왠지 찡했습니다.

당연히 너무 힘들어서 명상을 시작했을 거라 생각했는데, 형은 아니라는 거예요.

"조율의 시간이 필요하다는 걸 깨닫게 됐달까?"

"조율이요? 악기 튜닝할 때 하는 그 조율 말이에요?"

"그런 셈이지. 뭔가 삶에서 이런저런 일이 있을 때마다 함께 달리는 남을 의식하게 되더라고. 그러면서 나도 모르게 내 속도를 놓치고 있었던 거야. 내가 재미있는 얘기 하나 해줄까? 어느 날, 한 남자가 숲속을 걷고 있었는데 나무꾼을 만났대. 그래서 '마을까지 얼마나 걸립니까?' 하고 물었는데, 나무꾼은 빤히 쳐다보기만 하고 아무 대답도 하지 않더래. 그래서 '대답을 안 해주려나 보다' 생각하고 그냥 가고 있는데 그때 뒤에서 외치더래. '20분!' 그래서 남자가 되물었대. '아니, 왜 아까는 말 안 해주셨습니까?' 그랬더니 나무꾼이 이렇게 말하더래. '당신 걸음 속도를 내가 모르잖소?'"

생각지도 못한 답변이죠?

사람의 걸음걸이마다 도착하는 시간이 다르니, 나무꾼은 행인의 걸음걸이 속도를 본 뒤에 그걸 바탕으로 시간을 예측한 겁니다. 우리에게도 필요한 메타 인지적 관점이죠.

내가 타고난 체력과 정신력의 한계치를 알고, 거기에 맞추어서 오늘 해야 할 일과 이번 달에 해낼 수 있는 만큼의 노력을 재조정하는 것. 그리고 오버 페이스가 되었다고 생각할 땐 알아차리고 스위치를 끄듯 오프 버튼을 주저 없이 누를 수 있을 때, 비로소 진짜 '내 페이스'라는 것이 만들어지고, 지속 가능해지며 원하는 성취에 다가갈 수 있는 게 아닐까요?

때로 우리에게 필요한 건, 너무 많이 생각하지 않는 것
― 지민, 윤범 씨 이야기

이렇게 삶의 페이스를 다시 조정하고 내 호흡을 지키면서, 다소 무덤덤하면서도 길게 쭉 이어갈 수 있는 삶을 살려면 가장 중요한 건 뭘까요?

그 질문의 답을 찾던 저에게 두 친구가 요정처럼 뿅 하고 나타났어요. 원래 알고 지내던 친구들인데 어쩜 제가 책 쓰는 시기에 딱 힌트가 되는 말들을 해주러 찾아온 걸까요. 너무 신기하게도 두 친구는 서로 모르는 사이였고, 완전히 다른 날 다른 장소에서 만났거든요. 그런데 똑같은 말을 하는 거에요. **'일단 생각을 줄이는 게 중요하다'**라고요.

먼저 지민이 이야기부터 좀 해볼게요.

"멀리 보면 멀리 간다는 말 있잖아. 나는 현대 사회에는 그게 좀 틀릴 수도 있다고 생각했어."

친구 지민이가 어느 날 아침 뜬금없이 던진 이야기에 저는 무슨 소린가 싶었지요. 지민이는 저와 22년째 친구로 지내는 사진작가인데요. 고등학교 3학년 때 만나 지금까지 참 많은 시간을 함께했습니다.

그녀와 저의 공통점이라면 '명랑한 회색 인간'이라는 거였어요. 늘 생글생글 웃는 상의 얼굴과 밝은 목소리, 그리고 사람들의 말에 잘 귀 기울이는 호감 가는 태도를 지녔지만, 사실은 그 안에 굉장히 어두운 마음이 있는 우리. 그래서 서로를 반짝반짝한 회색이라고 표현하기도 했었습니다.

특히 그녀는 아주 귀엽고 작고 마른, 요정 같은 외모를 하고 있었기 때문에 늘 사람들이 "아, 지민이 너무 귀여워!" 하면서 스스럼없이 다가오곤 했죠. 그녀의 내면에 있는 시니컬하고 냉소적인 성격을 아는 사람들은 몇 없었습니다. 그래서 우리는 둘이 커피를 마시면 "사람들은 우리를 자기들이 보고 싶은 모습으로 보는 것 같아"라며 둘만 공감하는 염세적인 이야기들을 나누고는 했었죠.

꽤 많은 세상 사람들이 명랑한 가면을 쓴 회색 인간으로 살아간다는 걸 그땐 어려서 몰랐어요. 마치 중2병처럼 "우리 안에 있는 깊은 어둠을 너희는 알지 못할 거야"라며 둘이서만 서로를 알아주는 진짜 친구라고 생각했지요. 그러면서도 내면에 있는 결핍과 불안 또는 두려움을 감추기 위해 더 밝게, 더 애쓰면서 사람들을 대하고 그만큼 성과도 내면서 열심히 살았어요. 그래서인지 지민이는 늘 또래보다 앞서나가는 친구였습니다.

그녀는 사진으로 유명한 명문 대학을 졸업한 뒤, 30살이 채 되기 전 빅뱅의 탑이나 배우 우에노 주리 같은 세계적인 스타와 작업하고, 아시아와 유럽 곳곳에서 작품을 인정받는 소위 '셀럽'이 되어 있었어요. 당연히 돈도 많이 벌었고요. 그래서 늘 지민이는 친구들 사이에서 "부러워, 저 애가 우리 중에 제일 잘된 것 같아"라는 이야기를 듣는 존재였죠.

저 정도면 이제 걱정이 없겠다, 이제 좀 설렁설렁 살아도 되지 않나 싶을 때도 지민이는 늘 더 열심히, 더 많은 것들을 했습니다. 끝없이 성장하고 성취한 그녀를 보면서 '와, 쟨 안 지치나 봐. 에너자이저네'라며 감탄하고는 했지요. 하지만 그 속에서 점점 스트레스를 받고 어려움을 겪는, 예민하고 까칠해진 그녀의 표정이 느껴져 친구로서 걱정도 됐지요.

그러던 어느 날, 그녀에게 너무 큰 불청객 하나가 찾아옵니다. 희소 난치성 질환인 M33.1(피부근염)이었지요. 늘 카메라를 잡아야 하는 그녀에게 손끝이, 팔이, 결국 전신이 말을 듣지 않는 증상이 찾아오더니, 이윽고 의사로부터 '온몸을 사용할 수 없게 되고 목소리도 잃고 끝내 죽음에 이를 수도 있다'라는 선고를 받습니다. 완치라는 개념도 없다는 거예요.

누구에게나 치명적이겠지만, 특히 사진작가인 그녀에게는 이 병이 더욱더 치명적이었습니다. 진단을 받고 난 직후, 카페에서 만난 지민이는 이렇게 말했어요.

"이제 뭐, 결혼도 틀렸고 많은 걸 포기해야지. 이거 유전될 수도 있다는데 누가 이런 병을 가진 사람이랑 결혼하려고 하겠니. 일도 뭐, 계속할 수 있을까? 잘 모르겠다."

그 후 병원에 입원했다 퇴원하기를 반복하며 치료에 전념

하던 지민은 만나기가 점점 힘들어졌어요. 베스트 프렌드였던 저한테도 점차 소식을 전해 오는 간격이 드문드문해졌습니다. 그렇게 2년 반 정도가 흘렀을까요?

어느 날 그녀는 제게 말도 없이 제가 진행하는 아침 명상 모임의 참여자로 깜짝 방문했습니다.

그런데 예전과는 비교할 수 없을 만큼 얼굴이 밝고 편안해져 있지 뭐예요? 병을 진단 받은 직후보다 얼굴이 편해진 것은 물론이고, 제가 19살 때부터 봐오던 그녀의 인생 전체 중에 가장 편안한 상태였어요. 이게 어떻게 된 거지? 이야기를 들어 보니 그녀는 지난 2년 동안 삶을 바라보는 관점이 참 많이 바뀌어 있었어요.

"나는 늘 무언가를 더 해야 한다고 생각하는 사람이었는데, 나한테 필요한 건 하기가 아니라 안 하기더라고."

그러면서 10일간의 묵언 스테이를 저에게 추천하더군요. 전라북도에 있는 한 공익 재단에서 하는 프로그램에 참여했었는데, 10일간 휴대폰을 압수당하고, 책을 읽거나 글을 써서도 안 되며 말해서도 안 되는, 그러니까 글과 말 모든 언어를 사용하지 않고 그곳에 10일간 머무르면서 자기 마음을 들여다보는 독특한 체험 프로그램이었대요.

그녀는 그 과정을 통해서 내가 애써왔던 많은 것이 사실은 내 안의 어떤 기제에서 비롯됐다는 걸 알게 되었어요. 그리고 그것을 얻고 나서 내가 어떠했는지, 또 지금 내가 가진 것들, 이를테면 커리어나 가족, 병까지 이 모든 것이 나에게 어떤 의미인지 곰곰이 정리해 보는 시간을 가졌다고 해요. 그리고 그 끝에 그녀가 내린 결론은 이랬습니다.

멀리 보지 않고 가까이 보며 오늘 하루만 살아낸다면, 어느새 정신 차려 보았을 때 멀리 도착해 있을 거라는 것이었죠.

놀랍게도, 그녀는 실제로 하루하루에만 집중하는 태도로 많은 변화를 만들어냈습니다. 매일 병실 침대에서 '손가락 단 1cm만 움직여보자'에 집중하고, 다음 날은 2cm, 그다음 날은 한 발짝 걷기, 또 그다음 날은 1m 걷기… 이렇게 오직 그날 하루에만 집중하다 보니, 의료진도 놀랄 만큼 빠르게 일상을 회복했지요.

건강을 되찾은 그녀는(물론 여전히 병과 함께 살아가야 하지만) 이제 자신이 경험한 태도와 관점, 그리고 마음의 변화를 나누고 싶다는 더 큰 꿈을 가지고 지금은 뉴욕 대학교에서 예술 심리 치료 박사 과정생으로 살아가고 있답니다. 자신과 같은 희소병 환자들에게, 자신의 예술적 재능으로 도움을 주고 싶다는 꿈이 생겼다면서요. 이제는 잘나가는 사진작가를 넘어 전 세계 희소병 환자들에게 희망의 증거가 된 그녀. 정말 하루하루에 집중하다 보니, 예전보다 더 멋지고 단단한 친구가 되어 있더라고요.

〈오늘도 누군가의 '부서짐'을 응원합니다〉
〈월간 마음건강〉 손지민 인터뷰

스탠퍼드 대학교의 조너선 레빈 교수는 다음과 같은 연구 결과를 발표했는데요. '몸과 마찬가지로 정신도 계속 쓰게 되면 피로해진다. 너무 많은 결정을 내린 두뇌는 결국 대충 결정하거나, 미루거나, 비논리적이고 감정적으로 행동하게 된다.' 이런 현상을 **'결정 피로'**라고 부릅니다.

지민이의 이야기도 이와 비슷한 의미인 거죠. 정말로 먼 곳에 도달하기 위해서 우리가 계속 그 목표만을 의식하며 '저기로 가려면 어떻게 해야 하지? 난 뭘 더 해야 하지?' 하고 고민하다 보면 실제로 행동하지 않아도 생각만으로 이미 지쳐버린다는 거예요.

그래서 지민이는 멀리 가기 위해서, 완치가 없는 이 병과 오래 공생하기 위해서, 그리고 아직 자신에게 주어진 시간 동안 사진작가로 살아가기 위해서 역설적으로 시선을 멀리 두지 않기로 했습니다. 대신 '오늘 이 순간'으로 그 시선을 끌어와 집중하기로 한 것이죠.

그것과 정말 비슷한 맥락으로 친구 윤범이도 제게 이런 말을 했어요.

"형, 스마트 워치를 떼고 나니까 완주가 되더라고요."

4년이나 연락이 끊겼다가, 정말 오랜만에 만난 윤범. 그는 덕원이 형과 함께 진행하던 라디오의 담당 피디였는데요. 제가 늘 부러워하던 사람이기도 했습니다.

안정된 직장, 마찬가지로 안정된 전문직 배우자, 금슬 좋은 부부 사이, 게다가 축구와 음악, 해외 페스티벌 투어, 헬스, 웹소설 쓰기 등등 다양한 취미 부자… 저 친구는 인생을 참 즐겁게 살아가는구나 싶어서. 뭐랄까 제 기준에는 삶의 여러 요소가 육각형처럼 갖추어진 사람이었거든요.

그런데 윤범에게도 생각지 못한 병이 찾아왔었다고 해요. 얼굴이 항상 퉁퉁 부어 있고, 피부 전체가 완전히 빨갛게 뒤덮이는 난치성 피부 질환이었죠. 그래서 사람들과의 만남을 완전히 줄이고 칩거하며 몇 년간 살아왔다는 거예요.

어쩐지. 저는 한 번 맺은 인연은 가늘고 길게 가는 편이라 덕원이 형은 물론이고, 방송 출연할 때는 한 번도 마주친 적이 없었던 다른 요일 게스트였던 오은 시인과도 종종 연락하면서 보곤 했는데…. 정작 그 모든 사람을 연결해 준 윤범은 어느 날부터 보이지 않는 거예요. 그 이유가 바로 남몰래 투병하는 시간 때문이었더라고요.

그 병 때문에 그는 삶의 많은 부분을 바꾸어야 했대요. 파워, 파워, 파워를 외치는 헬스 마니아던 그가 부드러운 요가를 시작하고, 고기 덕후에서 채식주의자로… 그리고 러닝도 시작했지요. 3km, 5km, 10km 등 조금씩 뛰는 양을 늘려가면서 러닝을 하던 어느 날, 스마트 워치가 러닝에 방해가 된다는 걸 깨달았다는 거예요.

스마트 워치를 차고 귀에 이어폰을 꽂으면 "현재 몇 km를 통과했습니다. 몇 km가 남았습니다. 목적지까지 남은 구간은 몇 km입니다" 이런 이야기들을 내비게이션처럼 계속해 준대요. 분명히 이게 도움이 된다고 생각했는데 어느 날부터 그게 아니라는 걸 깨달았다는 거죠.

몇 킬로미터 남았다고 계속 알려주면 '헉? 아직 그만큼이나 남았다고? 이것밖에 못 왔다고?'라는 생각이 많아지고, 생각이 많아질수록 완주하기가 어려워진다는 걸 깨달았다는 거예요.

귀에서 이어폰을 뽑아버리고 스마트 워치를 가방에 넣고 뛰기로 한 날. 그는 '어 뭐야? 벌써 도착했다고?'라며 이전에는 전혀 느끼지 못했던 감각을 느꼈답니다. 그리고 지금은 30km를 훌쩍 넘어 더 멀리까지, 더 긴 코스를 뛰는 데에도 어려움이 없어졌대요.

결국 지민과 윤범, 두 친구가 경험한 것은 너무 많이 생각하지 않기로 결심하며 경험한 변화의 에피소드라고 할 수 있겠죠. 이쯤에서 여러분은 이렇게 생각할 수 있어요.

'그래. 비우고, 내려놓고, 그런 게 좋은 건 알겠어, 하지만 해야지! 결심한다고 바로 될까?'

'나는 10일씩이나 묵언 수행하러 갈 시간은 없는데….'

그래서 이어질 다음 파트에서는 여러분의 생활에서 지금, 바로, 꾸준히, 적용 가능한 방법과 팁들을 소개해 볼까 합니다. 지금까지 우리는 크게 2가지 질문을 따라왔어요.

"왜 애쓸수록 바라는 모습에서 멀어지는 걸까?" 그리고 "무엇을 위해 그렇게까지 애쓰는 걸까?" 내 마음속을 들여다보고 내적 요인이든 외적 요인이든 원인을 찾고 그것들을 탐색하는 시간을 통해 우리는 1가지는 명확하게 알았을 거예요.

"애쓰는 것만이 답은 아니다."

하지만 애쓰는 방법밖에 모르던 우리가 그 방법이 아닌 다른 방법을 몸에 익히려면 지속적으로 할 수 있는 습관이 필요해요. 이다음 장에 바로 그 샘플을 준비했습니다.

제가 앞으로 소개하는 것 중 하나를 선택해서 21일 혹은 66일만 함께 해보면 어떨까요. 그를 통해 내 삶에 오프 먼트의 순간도 만들어주고요. 아주 간단하게 시간·공간·습관의 '3가지 단계'로 마련했습니다. 편안하게 따라오시면 어느새 여러분의 삶에도 내려놓아지는 시간과 공간, 그리고 행동 습관들이 갖추어져 있을 거예요.

그럼 계속해서 함께 가볼까요?

PART 3

애씀을 내려놓은 빈자리에
에너지가 채워지는 시간
'오프 먼트'

빈손으로 걸어본 적이 언제인가요?

사실 지난번 수인이를 만나고 헤어질 때 미션을 하나 줬답니다. 왜, 무엇 때문에 이렇게까지 애쓰는지 일상에서도 아주 가끔만 자신에게 질문해 보고, 혹시 뭐라도 떠오르는 것 같으면 언제든지 연락하라고 당부했어요.

그리고 나서 1달 반 정도 지났나? 아마 답을 찾는 데 꽤 시간이 걸릴 수도 있겠다 싶었는데 웬걸요? 전화가 왔습니다.

"오! 벌써 정리가 다 된 거야?"

"아니요. 다는 아니고 뭔가 어렴풋이 알 듯 모를 듯해요. 그런데 머리로 계속 생각하려니까 더 복잡해지는 것도 같아서 도움 좀 구하려고요."

"그래? 그럼 또 한 번 와."

수인이는 꽤 진전이 있었습니다. 어쩌면 자신이 그토록 애썼던 이유가 인정 욕구일지도 모르겠다고 했고, 다른 사람들보다 다소 '평이한 올라운더', 그러니까 이것저것 할 수는 있는데 특출나게 잘하는 것이 없다는 위기감 같다고도 했어요. 그녀는 꽤 성실하게, 마치 일하듯이, 열심히, 애쓰면서 그 해답을 찾고 있었습니다. 그런 그녀를 곰곰이 바라보다 저는 제안했지요.

"그런데 있잖아. 이것도 '내려놓고', '비우면' 더 잘 보일지도 몰라. 왜 각 잡고 성찰할 때보다 그냥 문득! '어? 이거였나?' 싶을 때가 있잖아. 너 지금 내려놓기 위한 과정조차 너무 애쓰면서 탐구하고 있는 것 같은데?"

"그런 것 같기도 하네요? 그럼 어떻게 해야 하지?"

저는 씨익, 웃으며 말했습니다.

"뭘 어떡해. 방법을 좀 다르게 해봐야지. 이제 막 머리 싸매는 건 충분히 해봤으니까…. 자, 일단 너 휴대폰 식탁에 내려놔. 그리고 가방 던져 놓고 노트북도 닫아. 그러면 지금 아무것도 손에 든 거 없지? 나가자!"

"예? 갑자기 어딜 가는데요?"

"날씨가 너무 좋잖아. 산책하고 올 거야. **빈. 손. 산. 책.**"

어안이 벙벙한 수인이를 데리고 저는 집 앞 산책로로 나갔습니다. 우리 동네에는 조선시대부터 있었던 아주 오래된 하천 산책로가 있거든요. 시냇물이 졸졸졸 흐르고 청둥오리 가족도 여럿 있고, 다양한 동식물이 자유로우면서도 균형 있게 어우러져 있는 청계천의 미니 버전 같은 곳이에요.

때는 5월 초, 덥지도 춥지도 않고 꽃들도 만개하는 정말 산책하기 딱 좋은 시기. 게다가 아직 사람들이 퇴근하지 않아서 행인이 별로 없는 오후 3시. 정말 걷기엔 딱 좋은 시간이었죠.

"너 이렇게 산책한 적이 얼마 만이야?"

"음, 글쎄요. 2달 전? 점심시간에 했던 것 같아요. 그전에 한동안 일이 많아서 거의 1달 내내 샌드위치 먹으면서 점심시간 없이 계속 일했거든요. 그러다가 어느 날 현타가 와서 이게 뭐 하는 짓인가 싶더라고요. 그때 밖으로 나가서 오랜만에 밥 사 먹고 들어오다가 산책 좀 했는데 숨통이 트이더라고요."

"진짜 그게 뭐 하는 짓이니, 진짜. 밥을 왜 걸러. 에휴, 못살아. 그러면 아예 휴대폰도 없이 빈손으로 이렇게 딸랑딸랑 나온 건?"

"그건… 최근 몇 년 사이에 한 번도 없었던 것 같아요."

"그래 그럴 것 같더라. 그래서 너 데리고 같이 해보고 싶었던 거야. 이걸 나는 '빈손 산책'이라고 부르거든. 사실 요즘은 휴대폰만 있으면 대부분의 업무를 할 수 있잖아. 그러니까 산책 나와도 손에 휴대폰이 있으면 뭔가 계속 세상이나 업무와의 연결 고리가 이어진 상태거든? 그런데 손에 아무것도 쥐지 않으면 진짜 벗어나 있는 느낌이 든다니까."

"그러네요."

"너, 불안해하지 마. 내가 휴대폰 들고 있을 거야. 우리 딱, 20분만 산책할 거니까 시간 되면 알려줄게. 시간 걱정 말고 20분만 눈앞에 있는 풍경들에 집중해서 편안하게 그냥 걸어 봐. 일단 해봐. 그러면 왜 머리 싸매고 생각하는 것보다 이게 더 도움이 되는지 알게 될 거야."

시간을 알려준다고 말하니 그제야 수인이는 불안한 표정을 풀고 조금씩 주위를 둘러보기 시작했어요. 그리고 이런 말들을 하더군요.

"와, 정말 요새 꽃이 예쁘긴 예쁘구나. 우리 아들이 아파트 화단에 핀 꽃을 보고 '엄마 이것 좀 보세요'라고 할 때가 종종 있는데 아마 이 꽃이었던 것 같아요."

"와, 여기 청둥오리가 있네요? 대박이다."

"작가님네 동네는 강아지가 진짜 많군요. 하긴 산책하기 좋은 동네 같아요."

"와, 날씨… 진짜 딱 좋은 계절이구나."

"이 시간에 이렇게 걸어본 게 언제였는지 기억도 안 나요. 너무 좋다."

그렇게 20분을 걷고 그녀에게 물었죠. 조금 더 걷겠냐고요. 시간에 쫓기던 수인이가 웬걸요? 자진해서 더 걷겠다는 거예요. 10분을 더 걷다가 집으로 돌아와서 자리에 앉았죠. 그리고 말했어요.

"너의 내면을 들여다보는 거, 책상 앞에서 공부하듯 하지 말고 이걸로 바꿔봐. 빈손 산책. 어때?"

"뭔가 고요 속에서 생각하는 거, 괜찮을 것 같아요."

그녀에게 빈손 산책을 권한 건, '이러면 좋아지겠지?'라는 제 개인적인 짐작이 아니라 **'주의 회복 이론'**이라는 근거에 기반한 거였는데요.

주의 회복 이론은 1989년 레이첼 캐플런과 스티븐 캐플런이라는 2명의 연구자가 설명한 이론이에요. 우리가 일상생활에서는 엄청 시끄럽거나 머리 아픈 자극 속에서 살잖아요. 반면에 자연은 매우 부드러운 자극이기 때문에 10분 정도만이라도 자연을 보는 것, 그게 안 되면 자연의 사진을 보는 것만으로도 충분한 이완Relaxation이 일어나고, 집중력이나 주의력이 회복된다는 것을 발견한 거죠.

50분 일하고 10분 쉬라는 이유가 이런 겁니다. 오히려 긴 시간 내내 사람들에게 주위 자극을 통제하고, 업무에만 집중하라고 요구하면 그 통제된 주의력의 지속 시간은 점점 감소하기 때문이에요. 게다가 어느 시점이 지나면 짜증 나거나 산만하고 성급한 상태가 계속되죠. 이는 업무 생산성을 저해하는 뇌 피로로 이어집니다. 쉽게 말해 책상 앞에 앉아 있는 시간은 긴데 업무량은 생각보다 너무 안 나오는 거죠.

수인이가 바로 이 케이스입니다. 원래 자기 업무도 이렇게 쉴 틈 없이 몰아서 하는 타입인데, 요새는 저에게 받은 숙제인 '자기의 내면을 들여다보고 탐구하는 것'까지 이런 식으로 하면서 뇌를 초과해서 써버린 거죠.

그런 수인이를 데리고 책상에 앉아서 이야기만 한다면? 우리의 이야기는 빙빙 돌거나 적절한 아이디어가 떠오르지 않아서 잡담으로 넘어가 시간을 낭비할 확률이 높을 겁니다. 심지어 10년지기 친구니 잡담할 게 얼마나 많겠어요.

하지만 이렇게 빈손 산책을 통해서 완전히 뇌를 한번 비워내 주는, 소위 '브레인 샤워'를 하고 나자 오히려 다시 책상 앞에 앉았을 때 그녀와 저 모두 분명하고 명료하게 일 이야기를 나눌 수 있었어요. 30분 나갔다 온 것으로, 2시간은 아낀 셈이랄까요? 즉 시간 낭비가 아니라 시간 절약에 가까운 셈이죠.

이 빈손 산책은 제 주변 하드 워커 지인들에게 제일 자주 권하는 방법인데요. 제일 처음 이것을 권했던 사람은 저보다 딱 10살 많은 50대 친구, 조운희 과장이에요. 아마도 수인이의 미래라고도 할 수 있는 타입인데요.

그녀를 처음 알게 된 건 8년 전이었어요. 강연자와 담당자로서 만났는데 사실 1,000번이 넘는 강연을 해왔기 때문에, 그 모든 담당자와 친구가 되기는 어렵죠. 스쳐 지나가는 인연이 훨씬 많습니다. 그런데 그녀는 좀 인상적이었어요. 이토록 정성껏 환대해 주는 '관리자'는 처음이었거든요.

그녀는 부서장이었어요. 이 정도 직급쯤 되면 강연자 마중이나 안내 역할은 아랫사람들에게 나누어주고, 시작 전에 아주 잠깐 오늘 잘 부탁드린다며 명함 교환 정도만 하는 경우가 일반적인데 이분은 달랐어요. 제가 오늘 밥을 먹었는지, 왜 안 먹고 왔는지, 무대 올라가기 전에 조금이라도 요기할 만한 괜찮은 주전부리가 뭐 있는지 하나부터 열까지 너무나 정성껏 직접 신경을 써주시는 거예요. 그런 세심한 환대가 주는 힘이었을까요? 딱 1번 강연 행사로 만났을 뿐인데, 그리고 10살이나 나이 차이가 나는데도 그녀와 저는 어느새 아주 가까운 친구가 되었어요.

그런데 막상 친구가 되어 그녀를 보니까 그 섬세한 환대와 배려 같은 것들이 장점이자 위험 요소였어요. 언제나 좋은 상사, 좋은 선배인 그녀는 모든 부하 직원 한 명 한 명을 케어하고 살피고 수습해 주면서 늘 자정쯤이 되어서야 퇴근하고 있었어요. 게다가 일을 잘하는 편이라 상사들의 신뢰까지 더해져서 많은 일이 몰렸죠. 시간이 흘러 고등학생 딸의 대학 입시까지 겹치면서 정말 초 하드 워커의 삶을 살고 있더라고요. 그 모습을 보며 궁금증이 하나 생겼습니다.

"과장님, 과장님은 대체 언제 쉬세요?"

"아휴, 몰라요. 저는 그냥 밤새도록 밭 가는 소 같은 사주라고 하니까 뭐 그러려니 하고 살아야죠."

"아니, 교회 다니시는 분, 그것도 목사님 따님이 무슨 사주예요? 사주 믿지 말고 좀 삶의 여유를 갖자고요."

언제나 자신이 맡은 일은 최선을 다하고, 일을 다 처리하지 못해 허우적거리는 동료나 부하 직원들의 든든한 울타리가 되어주고, 거기다가 딸에게 최소한의 도리 이상은 하는 엄마가 되기 위해서 그녀는 늘 고군분투하며 잠을 줄이고 있었어요.

"과장님, 쉬는 시간에는 뭘 해요? 쉬는 시간이 있기는 하시려나…."

"저요? 저 그냥 너무 힘들면 차 안에서 휴대폰 게임 해요."

"게임요?"

"네, 진짜 너무 힘들고 집에 들어가기 싫은 날 있거든요. 그런 날에는 지하 주차장에 차 대놓고 그냥 멍하게… 캔디팡 아세요? 그거 그냥 계속하고 있어요. 아무 생각 없이."

"그거 하면 좀 회복이 돼요?"

"그냥 하는 거죠."

너무 많은 시간을 타인과 조직을 위해 애쓰며 사는 그녀는, 막상 자신을 위한 시간이 생겨도 무엇을 해야 할지 모르겠다고 말했습니다. 그저 캔디팡을 하거나 스터디 카페에서 공부하고 돌아오는 딸을 기다리면서 앉아 있는 게 전부라고 했어요.

그런 그녀에게 저는 작은 선물을 하나 했습니다. 컬러링 액자였어요. 스케치가 다 되어 있고 색을 칠할 수 있는 칸도 다 나누어져서 물감을 그대로 칠하기만 하면 그림이 완성되는, 아무 생각 없이 몰입할 수 있는 제품이었죠.

"과장님, 이거 칸칸이 잘게 나누어져 있어서 하루에 1~2칸씩만 색칠하면 금방 그림 완성돼요. 캔디팡 하지 마시고 가끔 이렇게 색칠이라도 좀 하세요."

몇 달 뒤, 그녀는 붓을 한 번도 못 들었다고 했습니다.

"하려고만 하면 자꾸 뭐가 생기네요. 계속 신경 쓸 게 많아지니까. 붓 잡기가 쉽지 않아요. 휴대폰은 잡고 있다가 게임을 하더라도 급한 연락이 오면 대응이 되는데."

그림을 그리기엔 뭔가 마음의 여유가 없다는 그녀, 그래서 빈손 산책을 떠났습니다. 어느 늦은 봄밤이었죠. 공원 벤치에 앉아 가만히 꽃을 바라보고 있었어요.

"너무 좋죠?"

"아유, 너무 좋긴 좋은데 작가님 내일 새벽에 지방 강연 가셔야 한다고 하지 않았어요? 새벽 4시인가 일어나셔야 한다고 들었던 것 같은데."

"그건 제가 알아서 할게요. 지금이 중요하죠. 날씨 너무 좋겠다. 아직 벚꽃 피어 있겠다. 내일이야 어떻게든 일어날 텐데, 벚꽃은 이 시간이 지나면 없어지잖아요. 지금이 제일 좋은 계절인데 지금을 봐야죠. 인생도 그렇고"

"아유 작가님은 인생에서 딱 좋은 시기 맞죠. 저야 뭐 이제 나이 들어서."

"아니요? 과장님도 지금이 제일 좋은 계절이에요. 생각해보세요. 우리가 나이는 다르지만 상황은 은근 비슷해요. 둘 다 부모님 아직 안 돌아가셨죠? 아직 크게 아프셔서 간병하는 상황 아니죠? 일도 어느 정도는 연차가 쌓여서, 사건 사고 터져도 수습은 할 수 있잖아요. 전 자녀가 없고, 과장님은 자녀가 있지만 이제 대학 보냈고. 진짜 비슷하죠? 그런 우리가 살면서 이렇게 오롯이 마음 편하게 꽃을 볼 수 있는 계절이 얼마나 될까요? 시기가 조금만 지나면 부모님 중에 한 분은 편찮으셔서 우리가 간병하면서 일까지 하느라 정신없을 테고, 그 이후에는 돌아가실 테고, 돌아가신 뒤에 이런 꽃을 보면 지금처럼 마음 편히 볼 수 있으려나? 잘 모르겠어요. '우리 엄마 살아 계실 적에 좀 모시고 올 걸' 이런 생각 들지 않을까요? 그리고 그 시기가 지나가고 나면 이젠 나 자신이 아파서 병원 가야 하는 시기가 올 수도 있고요. 어쩌면 이렇게 마음 푹 비워놓고 꽃 볼 수 있는 시기, 얼마 없을지도 몰라요."

"그러게요. 그 말 듣고 보면 지금이 참 좋은 시기인데, 이 좋은 시기에 내 자신에게 무엇을 해줘야 하는지를 잘 몰랐네요. 막상 생각해 보려고 해도 잘 안 떠오르기도 하고요. 막연하기도 하고."

딱히 재미있어서 보는 것도 아닌데, 유튜브만 보는 당신에게

아마 이런 막연함, 과장님만 그런 건 아닐 거예요. 비슷한 경험 있지 않나요? '쉬어야 한다는 건 알겠어. 그리고 쉴 시간도 냈어. 그런데 막상? 딱히 할 게 없어.' 그런 상태 말이에요.

동갑내기 친구인 인철도 그랬습니다. 갑자기 조직 개편으로 인해 생각지도 못했던 너무 많은 업무량에 치여 인생에서 처음으로 과호흡 증상이 찾아온 날. 인철은 '아, 나 쉬어야 하는 거구나'라는 사실을 절절히 깨달았대요. 하지만 인철은 제대로 쉬기가 어려웠어요. 이미 오래도록 몸에 밴 습관에 발목 잡혀 있었거든요.

그의 습관은 뭐였을까요? 바로 '폭식하고 유튜브 보기'였어요. 우리가 너무 공감할 만한 '해로운 걸 알면서도 무심결에 하는 중독적 도파민' 그 자체죠. 집에 가면 새벽 1시가 되는데, 바로 자기엔 뭔가 너무 억울하니까 손에 잡히는 걸 아무거나 먹는대요.

그리고 조금이라도 자기 시간을 누리고 싶은데 그 새벽녘에 마땅히 할 게 안 떠오르잖아요. 그러니까 유튜브를 본대요. 그냥 본대요. 하지만 사실은 본인도 아는 거죠. 이건 쉬는 게 아니라는 걸. 그렇게 하루이틀이 지나고 그는 점점 더 피곤하고 지쳐갔어요.

하루 종일 일하느라 지쳐버린 몸, 잠을 못 자서 더 갈려 나간 체력, 그리고 이미 회사 일로 과부하 걸린 뇌에 계속 유튜브 쇼츠를 집어넣어 도파민에 절여져 버린 뇌. 그게 건강하지 않다는 걸 알면서도 다른 방법은 모르겠고, 그냥 자기에는 너무 억울하니까 이 또한 멈출 수가 없더래요. 저는 그의 이야기를 듣다가 단어 하나가 떠올랐지요.

"요즘 그런 사람들 세계적으로 많대. 얼마 전에 외국에선 '뇌 썩음?'이라는 단어도 만들었더라."

"너도 아는구나. 나 진짜 뉴스에서 뇌 썩음이란 단어 보고 딱 내 이야기다 싶었다니까."

여러분은 이 단어를 아시나요? 어감이 좀 세서 흠칫하셨을 수도 있는데요. 옥스퍼드 대학교 출판부에서 2024년 올해의 단어로 선정한, 영어로는 'Brain Rot'이라 하는 현상입니다. 자극적인 1분 이내의 짧은 동영상 콘텐츠를 과하게 많이 보는 과정에서, 집중력도 저하되고 이해력도 떨어져 점점 생각하는 힘이 약해지는 현상을 꼬집은 단어죠.

단어가 낯설 뿐이지, 이 상황 자체는 이미 우리 주변에 널리 퍼져 있습니다. 꼭 동영상을 보는 것이 아니어도 멍하니 휴대폰 게임을 몇 시간이나 한다든가, 별로 보고 싶지도 않은데 자꾸만 이어서 시청하고 있는 넷플릭스도 결국은 다 같은 맥락이에요.

물론 그 콘텐츠 자체가 나쁘다는 것은 절대 아닙니다. 다만 즐거움이라는 목적을 위해서 능동적으로 선택하고 시청했을 때와 달리, 인철의 사례처럼 그냥 너무 바빴는데 이대로 자기 억울해서, 시간은 있는데 뭘 할지 몰라서 말 그대로 '그냥' 보기 시작하면 끝이 안 납니다.

내가 '이 영화를 보고 싶어', '이 유튜브를 보고 싶어'가 아니기 때문에 쭉 빨려 들어가 버리는 거죠. 그런 과정에서 신체적, 정신적 피로감이 점점 누적되는 게 느껴지면서 '아, 내가 이게 뭐 하는 짓인가?'라는 현타도 뒤따라오게 되죠. 본인도 딱 그 상태라는 인철에게 저는 말했습니다.

"그래서 휴식에도 룰이 필요하단 거야. 인철아, 나랑 룰 좀 만들자, 너."

조운희 과장과 인철이가 쉬는 시간에 하는 행동은 공통점이 있어요. 이완적인 휴식이 아닌, 자극과 긴장이 계속 제공되는 방식의 '킬링 타임(시간 때우기)'입니다. 휴식이라고 하기엔 조금 애매한 행동 패턴이죠.

책 초반부에 한 내려놓음은 목표의 하향이 아니라 '생활 방식이자 태도'라는 이야기, 기억하실 겁니다. 바로 이런 부분을 말한 거였어요. 생활 방식과 태도의 변화가 필요한 거죠. '과도하게 긴장과 자극을 주면서 쉰다고 착각하는 것'이나 수인이처럼 '쉬는 시간을 아예 허용하지 않는 것' 둘 다 자극에 종일 노출된 사람이라는 점은 똑같습니다.

후자의 사람은 일단 쉬는 시간부터 만들어야 하고요. 시간이 주어져도 그동안 명확하게 '이완'하는 방법을 모르던 전자의 사람이라면 정확하게 이완하는 방법을 배우고 습관으로 만들어가야 합니다. 그러기 위해서는 내가 충분하게 이완될 수 있는 시간과 장소, 환경을 알아야 하고요. 기왕이면 이것도 업무처럼 '내가 나를 위해 꼭 해야 할 일'로 인식하고 규칙을 만들어주는 게 좋습니다. 휴식은 시간이 나면 언젠가 하는 게 아니라 '내가 원하는 대로 살기 위해' 꼭 해야 하는 필수적인 일로 인식할 수 있도록 말이죠.

∶ 휴식은 사치라던 마거릿 대처, 그녀의 몰락을 예견한 영국 공주의 한마디

여기서 잠시 제가 가장 좋아하는 넷플릭스 드라마 이야기를 해볼게요. 저는 넷플릭스 초기 히트작 중 하나인 〈더 크라운〉이라는 작품을 아주 좋아하는데요. 영국 여왕인 엘리자베스 2세의 일대기를 다룬 장편 드라마입니다.

여왕 외에도 여동생 마거릿 공주, 아들 찰스 왕세자(현 찰스 3세) 등 여왕에 가려져 주목받지 못했던 다른 왕실 식구들의 심리 묘사를 탁월하게 그려내, 사람의 마음을 들여다보는 게 일이자 취미인 저에게는 아주 명작으로 느껴졌거든요.

이 드라마에서 제가 가장 충격받은 장면이 하나 있어서 소개해 드리려고요. 제가 태어나지도 않았던 1970년대, 마거릿 대처 총리의 재임 시절을 다루는 시즌 4입니다. 마거릿 대처에 대해서는 영국 최초의 여성 총리다, 닉네임이 철의 여인이다, 굉장히 기가 센 사람이었다, 그 정도만 알고 있었는데요. 드라마를 보니까 와… 엄청난 워커 홀릭이더라고요. 그런 그녀의 면모를 아주 잘 보여주는 에피소드가 시즌 4, 2화에 나옵니다.

전통적으로 영국 총리는 영국 왕실의 여름휴가에 1번씩 초청되는 경험을 한대요. 그래서 대처 총리도 취임 후 첫 휴가를 왕실에서 함께 보내게 됐지요.

그러던 중 어느 날이었어요. 그날은 국가 공휴일이었기에, 모든 휴가 참석자들이 함께 야외 활동을 하러 나갔습니다. 하지만 대처 총리는 혼자만 옷을 갈아입겠다며 핑계를 대고 몰래 들어와 급한 결재 서류를 처리하고 있었습니다. 그 모습을 우연히 발견한 여왕의 여동생, 마거릿 공주가 이렇게 물어봐요.

"총리, 오늘이 공휴일인 건 알고 계시는 거죠?"

하드 워커인 대처 총리는 당연한 듯 말합니다.

"네. 공주 전하, 다만 현재와 같은 국가 정세에서는 휴가를 즐기기 어려워서요."

공주도 지지 않습니다.

"하지만 국가 정세는 전에도 마냥 평화롭진 않았고, 틀림없이 앞으로도 그럴 거예요. 아마 경험이 쌓이다 보면 알게 되실 거예요. 때로는 휴식을 취하는 게 가장 현명한 처사라는걸."

"하지만 공주 전하, 전 휴식하고는 거리가 멉니다. 휴식은 전혀 즐겁지 않죠."

총리의 얼굴을 한참 빤히 쳐다보던 공주는 딱 한마디를 남기고 떠나갑니다.

"즐거움이라… 그보다 중요한 것을 얻을지도 몰라요. 관점 Perspective."

대통령제인 우리나라 상황을 고려하면 잘 와닿지 않을 수 있습니다만, 왕은 평생 근무하고, 총리는 수년, 때로는 1년 만에도 바뀝니다. 영국의 최단기간 총리였던 리즈 트러스는 2022년 9월 6일 취임해 10월 25일 퇴임했지요. 1달 반 만에 자리에서 물러난 겁니다.

이렇게 계속 총리가 바뀌는 상황이 익숙한 마거릿 공주로서는 대처 총리가 인생에서 7번째 만난 총리였고, 그 이전 모든 총리는 똑같이 "지금 사안이 너무 시급해서"라고 말해왔다는 거지요.

하지만 시급한 시국이라고 해서 모든 총리가 대처처럼 빨간날에도 몰래 숨어서 일할 정도로 쉴 틈 없이 살지는 않았다는 겁니다.

마거릿 공주는 당장 결재 서류를 바라보기보다, 오히려 쉬고 생각을 전환하는 순간에 위기의 국면을 타개할 해결책이 떠오를지도 모른다는 조언을 넌지시 건넨 거지요.

하지만 대처 총리는 이것을 철없고 한량 같은 왕족의 속 편한 소리로 치부하며, 휴가에서 조기 귀환하면서까지 일에 매달립니다. 그러고 나서 몇 년 뒤 마거릿 총리는 '대화의 여지가 없다', '다른 관점을 고려하지 않는다' 이런 평가와 함께 자신이 속한 당에서조차 사임 압박을 받아 원치 않는 퇴임을 하게 됩니다. 결국 공주가 말했던 대처 총리에게 진짜 중요한 것, '관점'을 갖는 데에는 마지막까지 실패한 것이 아닐까 싶더라고요.

물론 총리 마거릿과 공주 마거릿 중 누가 영국 사회에 더 의미 있는 존재였는지는 사람마다 의견이 다를 수 있어요. 그녀들은 지위도, 역할도, 삶의 방식도 너무 상반된 존재였으니까요. 그럼에도 저 장면에서만큼은 저는 마거릿 공주의 말이 맞았다고 생각합니다.

여러분은 어떠세요?

눈앞에 너무 많은 생각거리가 쌓여 있을 때, 당장 먹어야 할 밥, 챙겨야 할 잠처럼 아주 기본적인 것들도 미룬 채 '끝장을 볼 때까지' 골몰하게 되지는 않나요? 그리고 집에 돌아와서 너무 허탈하고 억울한 마음에 유튜브를 보거나 휴대폰 게임을 한없이 하고 있지는 않나요?

공주의 말처럼 휴식은 관점을 갖게 하기도 하고 또 더 나은 선택을 할 수 있는 인지적 향상을 가져다주기도 합니다. 꼭 그것이 아니어도 우리에게 '조금 더 느슨한 마음'을 가질 수 있게 한다는 건, 삶을 바라보는 태도 전체가 달라지도록 만들어 주죠.

느슨한 마음이 때로는 인생의 중요한 선택 앞에서 용감하게 지를 수 있는 배짱이 되기도 합니다. 그렇기에 휴식은 해도 그만, 안 해도 그만인 선택이 아니며, 시급할 때 잠시 미뤄둘 수 있는 후순위 항목도 아닙니다. 오히려 다른 어떤 것들보다 필수 요소인 것입니다.

당신에게는
오프 먼트가 있나요?

그래서 우리는 자꾸 미루지 않기 위해, 규칙적으로 룰을 만들 필요가 있어요. 내가 조금 덜 피곤해서 '쉬지 않아도 될 것 같은데?' 싶을 때도, 지금 당장은 너무 닥친 일이 많아서 '쉴 여유가 없어!'라는 생각이 들 때도 딱 규칙적으로 지키는 거죠. 즉, 룰을 만드는 이유는 휴식의 패턴을 체계화하기 위함이기도 하지만 나 자신에게 '눈이 오든 비가 오든 해야 한다'라는 의무감을 주기 위해서이기도 합니다.

그리고 또 1가지 중요한 건, 이 휴식 시간에 이름을 지어주는 게 참 중요하더라고요. 단순히 '휴식'이라고 말하면 왠지 여가 시간에 해도 될 것 같은 느낌을 주니까요. 달리 부르고, 달리 바라보자는 거죠.

그래서 저는 이런 이름을 붙여주었어요.

'오프-모먼트(오프 먼트)'

내가 하루 종일 스위치를 '온' 하고 아주 열심히(일을 잘하기 위해서든, 타인을 위해서든, 또 다른 무언가를 위해서든) 애썼고 내일도 그렇게 살아야 하기에, 잠시 스위치 내리듯 탁, 하고 오프 하는 시간이 필요하다는 의미입니다. **내일도 모레도 잘 몰입하기 위해 역설적으로 잠시 나를 괴롭혔던 모든 것으로부터 멀어지는 거예요.** 컴퓨터, 휴대폰, 사람 등 무엇이든 나를 애쓰게 했던 것들로부터 나를 조금 떨어뜨려 놓는 겁니다. 이런 이름과 관점으로 생각해 보면 그냥 쉬어야지, 놀아야지가 아니라 '아, 내 경우는 이런 부분을 멀리 떨어뜨려야 하겠구나' 하고 조금 더 명확해질 수 있어요.

그리고 모먼트라는 단어를 쓴 이유는 오프-데이처럼 꼭 하루를 통으로 쉬지 않아도 된다는 것, 하지만 그 대신에 모먼트, 즉 순간이기 때문에 매일매일 꾸준히 할 수 있을 정도로 짧아도 된다는 걸 의미하죠. 그러니까 짧게 몇 분만, 대신 꾸준히 오롯이 내려놓고, 힘 빼고, 이완해 보자는 겁니다.

이제 오프 먼트를 우리 삶에 장착하기 위해서 어떻게 해야 하는지 등산에서의 휴식 3단계에 비유해, 앞에서 말했던 저의 표정이 바뀌어간 그 변화의 경험담을 들려드릴 겁니다.

일단 등산에서의 휴식 3단계가 뭔지를 좀 설명해야겠죠? 거창한 건 아니고요. 우리가 산을 오르다가 너무 다리가 아파서 한 걸음도 못 가겠다 싶을 때 하는 행동, 자연스럽게 짐을 내려놓고 바위에 걸터앉아 쉬는 걸 구체화한 겁니다. 자세히 보면 3단계로 나누어져 있거든요.

1번째는 환경 탐색, 2번째는 실천, 그리고 3번째는 섭취입니다.

1번째, 환경 탐색은 뭘까요? 우리가 산에서 "아우, 다리 아파" 말한다고 그 자리에 바로 앉진 않습니다. 경사가 가파른 길에 바로 철푸덕 앉으면? 떼굴떼굴 굴러 내려가 버리겠죠. 가장 가까운 바위나 벤치가 어디 있는지 눈을 돌려 찾습니다. 내가 쉴 수 있는 장소를 탐색해서 일단 거기까지 가는 거죠.

그러고 나서 2번째, 실천을 합니다. 장소까지 가면 앉아서 가만히 쉬죠. 그런데 가만히 있는 사람도 있지만 3번째, 뭔가를 섭취하는 사람도 많습니다. 초콜릿이나 오이 같은 에너지를 보충해 줄 수 있는 무언가를 먹어서 다시 또 올라갈 수 있는 체력을 비축하죠.

우리가 일상에서 이완하는 방법도 똑같습니다. 1번째, 내가 내려놓고 충분하게 이완할 수 있는 시간대가 언제인지 살펴보는 거예요. 어떤 분들은 오전일 수도 있고 어떤 분들은 늦은 밤일 수도 있습니다.

그리고 2번째, 그 시간에 충분히 이완될 수 있도록 환경을 세팅하는 것도 중요한데요. 내가 너무 휴대폰에 매몰되어 있다면 휴대폰 잠금 앱을 사용해도 좋고요. '이 의자에 앉아서 쉬어야지, 이 방에서 가만히 있어야지' 같이 공간적 환경을 설정해도 좋습니다.

그리고 마지막으로 '섭취'. 아무 말 없이 가만히 앉아 있는 것도 물론 나쁘지 않습니다만, 음식으로 체력을 회복하듯 우리의 정신적인 에너지를 회복할 수 있는 무언가를 곁들여보자는 거죠. 저는 이 3단계를 벌써 3년째 꾸준히 생활에 녹여 오고 있는데, 계기가 된 사건이 있어요.

그 이야기부터 시작해 볼게요.

39살 장재열, 위암을 선고받고 나서야 깨달은 '내가 놓친 것'

"위암…. 가능성을 배제할 수 없습니다."

"예? 암이요?"

39살 겨울, 40살을 1달 앞두고 뚱딴지같은 이야기를 듣게 됩니다. 반년 전부터 명치가 너무 자주 아파서 계속 병원에 다

녔어요. 그때마다 "아직 젊은 분이라 역류성 식도염일 거다. 작년 건강 검진 때 내시경 하지 않으셨냐. 2년에 1번 정도 하시면 된다"라길래 계속 역류성 식도염 약만 받고 있었던 참이었지요.

그런데 약을 먹어도 먹어도 낫지 않아서 제가 "아니 내가 돈을 주겠다는데 왜 안 해주냐, 내시경 해달라"라고 우격다짐으로 받은 결과, 위암 의심 소견이었죠. 정말 많은 생각이 머릿속에 스쳐 지나갔어요.

'아, 정말 한평생 애만 쓰며 살다가 이렇게 가는 건 너무 억울한데, 나 아직 할 일이 너무 많은데? 이것도 해야 하고 저것도 해야 하고…. 아니야, 그게 다 무슨 소용이야? 죽는다는데 할 일이 다 무슨 소용이야.'

몇 번의 검사를 더 거쳤던 약 4주의 시간 동안 온갖 생각이 맴돌았습니다. 결국 큰 병원으로 옮겨 다닌 끝에 위암이 아니라 위궤양이라는 판정을 받긴 했지만, 의사 선생님은 아직 젊은 나이에 이 정도로까지 위가 망가진 건 심각한 일이라며 경각심을 가져야 한다고 말씀하시더군요. 그때 처음으로 죽음에 대해서, 정확히는 '나의 죽음'에 대해서 생각했습니다.

물론 1년 전에도 비슷한 사건이 있긴 했어요. 건강 검진 혈액 검사에서 폐암 수치가 너무 높다며 재검받으러 오라는 전화를 받았을 때 심장이 덜컹하긴 했었거든요. 하지만 그땐 그냥 일상적인 건강 검진이었고 혈액 검사는 잘못 나오는 경우도 많다는 얘기를 들어서 이 정도로 심각하게 받아들이지는 않았어요. 그런데 의사 선생님 앞에서 얼굴 보며 이야기를 듣고 나오는 건 느낌이 확 다르더군요.

병원을 나서자마자 온갖 상상을 하게 됐죠. 만약 40살이 내 인생의 종착지라면 내가 생각하는 나는 어떤 사람이었을까. 내 인생을 한마디로 정리하면 뭘까.

'반짝거리는 허무함'이라고 생각했어요. 서울대를 나온 사람, 대기업에 들어가서도 1등만 하던 사람, 그러다 퇴사하고 베스트셀러 작가가 되기도 하고 방송에 나오는 상담가가 된 사람. 대통령도 만나고 BTS도 만난 사람. 늘 반짝이는 것처럼 보이는 순간을 살았지만 언제나 그 속을 들여다보면 저 자신은 허덕거리고 불안에 쫓기며 살아왔거든요.

늘 좀 멀리서 저를 보는 사람들은 제게 대단하다고 말하거나 매력적이라고 느꼈고, 친해지고 가까워질수록 저를 안쓰럽게 여겼습니다. 가장 가까이에 있는 나 자신도 마찬가지였지요. 참 딱하더라고요. 정말 좋다고 느꼈던 순간들이 삶에서 거의 없었다는 걸 깨달았습니다.

그때 저의 인생 영화 중 하나인 고레에다 히로카즈 감독의 〈원더풀 라이프〉가 떠올랐어요. 〈괴물〉, 〈어느 가족〉, 〈바닷마을 다이어리〉 등 세계적인 영화를 만들어낸, 봉준호 감독과 비슷한 위상을 가진 감독인데요. 저는 그의 대표작들보다 초기작인 〈원더풀 라이프〉를 가장 좋아합니다. 감독으로 데뷔하기 직전까지 다큐멘터리 피디로 살던 그의 특성이 물씬 묻어난 작품인데요.

영화 내용은 이렇습니다. 세상 모든 사람은 죽으면 바로 저승으로 가는 것이 아니라, 1주일간 어느 시골 학교처럼 생긴 중간 세계의 숙소에 머무르게 됩니다.

그들에게는 각 1명씩 담당자가 배정되는데요. 매일매일 면담을 하거나 혼자 생각하면서 '인생에서 가장 소중한 순간' 딱 하나를 꼽는 과정을 거쳐야만 합니다. 그러고 나면 담당자들은 그 한 장면을 영화로 만들어줍니다. 실제로 세트장도 똑같이 구현하고 망자의 젊은 시절과 닮은 배우도 섭외해서 촬영을 하죠.

망자들은 1주일이라는 시간 동안 자기 인생 전체를 돌이켜보며 '내가 단 1개의 기억만 가지고 저승으로 갈 수 있다면, 나머지 기억을 전부 잊어버리게 된다면, 진짜 마지막으로 남기고픈 단 한 장면은 무엇일까?' 회상하게 됩니다.

참 매력적인 설정이죠? 그런데 더 매력적인 건 따로 있어요. 그가 다큐멘터리 감독 출신이라고 했잖아요. 이 영화에 굉장히 많은 망자가 나오는데 주요 인물을 빼고 엑스트라는 일반인을 섭외했다는 점입니다.

그러니까 이 영화 속 설정을 일반인들에게 경험하게 하고 진짜 망자라고 생각한 뒤, 자기 인생 중에 골라보라고 한 거죠. 대본이 아니라 진짜로요. 그 사실이 너무나 흥미로웠어요. '와, 저 사람들 정말 소중한 기회였겠다'라는 생각이 들어 부럽기도 했고요.

위암 소견을 받은 그날이 저에게는 그 영화 속 망자들과 같은 순간이었던 것 같아요. 내가 39년 동안 살아온 세월 중에 단 한 장면을 고르라면 무엇을 고를 수 있을까. 서울대에 합격했던 날? 첫 책이 베스트셀러가 된 날? 아니면 텔레비전에 처음 나오던 날? 인생에서 가장 많은 사람 앞에서 내 강연을 했던 그 초대형 스타디움에서의 무대? 그 무엇도 아니었어요.

그래서 화려한 순간 대신 소소한 기쁨들이 있던 순간을 찾아보려고 했죠. 그런데 좀처럼 떠오르지가 않는 거예요. 물론

없진 않았겠지만, 손에 잡히지 않는 신기루처럼 머릿속에서 금세 사라져 버렸어요. 영화에서도 저와 같은 사람이 꽤 나와요. 모든 망자가 그 '한 순간'을 고르지는 못하거든요.

어떤 사람은 결국 선택하지 못한 채로 1주일이 다 지나가는 경우도 있고요. 완전히 캄캄한 그리고 아무 소리도 나지 않는 벽장에 숨어 있었던 5살 어느 순간을 선택한 사람도 있었어요. 이건 뭔 줄 아세요? 기억하고 싶은 순간이 단 하나도 없을 만큼 괴로운 인생이었으니, 그냥 암흑을 선택한 거죠.

한 중학생 소녀는 "음~ 디즈니랜드에서 친구들이랑 재미있게 놀았던 날을 선택할래"라고 말했는데요. 뭔가 꾸며낸 듯한, 자연스럽지 않은 소녀의 말투를 본 여성 담당자가 그 아이에게 따로 조용히 찾아가 이런 말을 하죠.

"사실… 내가 이곳에서 일한 지 1년밖에 안 됐는데 말이야. (그 짧은 기간에도) 디즈니랜드를 선택한 여학생이 너까지 딱 30명째란다. 정말 그걸로 괜찮겠어?" 소녀는 한참을 곰곰이 생각하더니 말합니다. 사실은 부끄러워서 생각이 나지 않았었다고. 그런데 진짜 귀중한 순간은 엄마의 무릎을 베고 누워서 엄마가 귀를 파주며 조곤조곤 이야기를 들려주던 그 순간이었다고요.

나는 어느 쪽에 해당할까? 생각이 많아졌습니다. 결국 고르지 못한 사람이 되거나 1주일 안에 찾지 못해 진심도 아니면서, 디즈니랜드를 선택한 여중생처럼 뭔가 껍데기 같은 순간을 고르게 되진 않을까? 정말 내 삶에서 가져가고 싶은 순간이 있었나 싶더라고요.

나의 장례식 체험기
— 주원 씨 이야기

그렇게 생각만 많은 시기에, 떠오른 얼굴이 있었어요. 주원 씨였지요. 꽤 오래전부터 알던 사이이긴 한데요. 왜 그런 사람 있잖아요. 서로 존재만 아는 사람. 아 맞다, 저런 사람이 있지. 친구까지는 아니고 그냥 아는 사람. 그런 존재였어요.

그런데 어느 날 주원 씨가 저의 아침 명상 커뮤니티에 참여하게 되면서 우리는 매일 아침 만나는 사이가 됐어요. 그녀는 장례 지도사라는 쉽게 접하기 어려운 직업을 가지고 있더군요.

처음에는 결혼식을 준비해 주는 웨딩 플래너처럼 장례식을 준비해 주는 장례 플래너라고만 생각했는데요. 하지만 그녀는 자기 직업이 장례식이라는 행사를 준비하는 것을 넘어, 삶과 죽음의 경계를 매일 마주하는 일이기에 '잘 죽기 위해 잘 사는 것을 고민하고, 잘 살기 위해 잘 죽는 것을 고민'하게 해주는 귀한 경험을 하게 해준다고 말했어요.

그 말에 이끌려서일까요? 저는 어느새 홀린 듯이 그녀가 진행하는 죽음 워크숍에 참여자로 앉아 있었어요.

제가 이런 데 올 거라곤 상상조차 못 했지요. 저는 아주 어린 나이, 영유아기에 가족과 사별한 트라우마가 큰 편이라 '죽음'이라는 단어에 다른 사람들보다 훨씬 더 큰 두려움이 있거든요. 그런 제가 죽음을 체험하는 워크숍에 제 발로 찾아오다니. 이게 뭔 심경의 변화인가 싶었죠.

걱정과 달리 프로그램은 아주 재미있었어요. 평소에 알고 있던 죽음 체험이라면 유서 쓰기, 관에 들어가 보기, 수의 입기 같은 것들이었는데요. 이곳에서는 내용이 아주 달랐어요. 나의 영정 그림도 직접 그려보고, 내가 지금 죽는다면 무엇을 가장 후회할 것 같은지 후회의 한마디를 남겨보기도 했어요.

하지만 가장 인상적인 건 나의 사망 신고서를 작성하는 것이었지요. 내가 몇 살에, 어떤 사인으로, 어느 장소에서 죽을 것 같은지 깊이 생각하지 말고 무의식적으로 빠르게 써 내려가는 거였답니다. 너무 오래 고민하지 않는 게 핵심이랬어요. 그래서 시키는 대로 순식간에 다 쓰고 제가 쓴 글을 다시 바라보는데, 첫 줄에 이런 말이 적혀 있더군요.

"나 장재열은 (68세)를 일기로 사망했다. 사인은 (심장 마비)이다."

화들짝 놀랐어요.

'에? 68살에? 내가 지금 40살인데…. 그럼 28년 뒤에 죽을 거라고 내 무의식은 생각했단 말이야?' 믿을 수가 없었지요. 다른 모든 참여자는 80살, 90살, 100살이 넘어가는데 오로지 저만 68살쯤 죽을 것 같다고 썼지 뭐예요. 그때 문득, 다시 한번 지나간 세월을 생각해 봤어요. 위암 이야기를 듣고 떠오른 날보다는 조금 더 진정된 마음으로 들여다볼 수 있었는데, 이런 생각이 들더군요.

'내 인생의 가장 첫 기억이 4~5살 때쯤이니까…. 35년 정도의 시간이 흘렀는데, 그야말로 '찰나' 같았네. 그런데 앞으로 그보다도 더 적은 28년 밖에 남지 않았다면? 난 어떻게 살아야 하지?'

그 순간 갑자기 머릿속에 많은 가치관이 재배치되는 기분이 들었달까요. 그동안은 무의식중에 돈이 시간보다 중요하다고 생각했던 제가, 프리랜서의 불안정한 상황에 언제나 사로잡혀 있었던 제가, 돈보다는 시간이 훨씬 중요하다는 것을 피부로 온전히 느끼는 경험을 했어요.

생각해 보면 그렇잖아요? 돈은 젊은 날에 없다가도 뒤늦게 중년이나 노년기에 갑자기 대박이 나서 한 번에 벌 수도 있고, 상속을 받을 수도 있고, 심지어 로또에 당첨될 수도 있어요. 하지만 시간은 줄어들기만 하지, 절대로 다시 늘어나지 않는 절대적인 마이너스 자원이죠. 물론 머리로는 늘 당연히 알았지만, 그간 나 자신을 젊다고 느껴서인지 피부로는 느끼지 못했는데, 그날 완전히 체감한 거예요.

한참 멍하게 생각에 잠겨 있던 저에게 주원 씨는 말했어요.

"자, 다시 이어서 생각해 볼게요. 내가 그 나이에 죽음을 맞이한다면, 무엇이 가장 후회될까요?"

그 말을 듣고 곰곰이 생각했어요. 정말 68살에 죽는다면, 남은 인생이 30년이 채 되지 않는다면, 무엇이 후회될까. 잘 모르겠더라고요. 그래서 생각을 바꿨죠. 68살 말고 지금 당장 죽는다면 무엇이 가장 후회될까? 다시금 병원 앞에서 망연자실하게 앉아 있던 그날의 기분을 떠올렸어요.

뚜렷하게 떠오른 단어는 '걱정'이었어요.

인생에서 너무 많은 시간을 걱정하고, 또 그 걱정이 현실이 되지 않게 대비책을 찾고, 플랜 B를, 플랜 C를 세우며 흘려보냈더라고요.

대학에 불합격하면 어쩌지, 직장에 취업하지 못하면 어쩌지, 내가 이 직장에서 적응하지 못하면 어쩌지, 퇴사 후 아무런 일도 할 수 없으면 어쩌지, 책을 내서 안 팔리고 묻혀버리면 어쩌지, 누군가 박사도 아닌 게 상담소의 대표를 맡고 있다고 비난하면 어쩌지, 10년 동안 상담소 대표로만 살아왔는데 여기서 물러나면 갈 곳이 없어지는 건 아닐까, 아무것도 아닌 사람이 되면 어쩌지. 그런 걱정들요.

그리고 인간관계나 연애에서도 마찬가지였지요. 저 사람을 놓치면 어쩌지, 저 사람이 내 인연이 아니면 어쩌지, 맞으면 어쩌지, 헤어지면 어쩌지…. 다 지난 지금 생각해 보니 나 자신에게 이런 말 한마디를 해주고 싶더군요.

'어쩌긴 뭘 어째! 네가 걱정한 정도로 심각한 일은 거의 안 일어났었거든?'

그래서 주원 씨의 안내에 따라, 아까 그려둔 제 영정 그림 위에 적어두었어요.

내가 죽을 때 할 후회의 한마디

: 그렇게까지 걱정하지 않았어도 됐는데.

그날 이후로 저는 미래에 대한 불안과 걱정이 들 때마다, 거실 거울에 붙여둔 영정 그림을 쳐다보며 생각해요.

'아, 나는 돈다발을 길에 뿌리는 정신 나간 사람처럼 시간을 길에 뿌리듯 낭비하고 있구나. 내 귀중한 시간이 걱정하는 데 너무 많이 낭비되고 있구나.'

그러면 퍼뜩 정신을 차리고 내 머릿속에서 오프 버튼을 누릅니다. 한 번 잃고 나면 다시는 채워 넣을 수 없는 시간이라는 자원을 낭비하지 않기 위해 말이에요. 그리고 입으로 저 자신에게 되뇝니다.

"보아하니 오프 먼트가 필요한 시간이구만."

• 나를 온전히 내려놓는 이완의 시간 찾기

자, 이제부터 저와 함께 나 자신을 위해 내려놓고 이완하는 시간, 오프 먼트를 만들기 위한 실습을 시작할 거예요.

1번째는 바로 환경을 만드는 겁니다. 일단 가장 먼저 우리가 해야 할 질문은 이거예요.

질문: 내가 정말 내려놓고 이완할 수 있는 시간은 언제인가?

하루 중 단 5분, 10분이어도 괜찮습니다. 내가 나를 온전히 내려놓을 수 있는 그런 시간이 언제인지를 살펴보는 거예요. 앞서 말했듯 규칙처럼 만들고 꼼꼼하게 실천하기 위해서 무엇보다 중요한 건 매일 최대한 규칙적으로 낼 수 있는 시간이어야 합니다. 어떤 날은 되고 어떤 날은 안 되는 시간이어선 안 되겠죠.

그러려면 먼저 나의 평균적인 하루 일과표를 적어보면서 틈새 시간이 어디에 있을지, 혼자 있을 수 있는 시간인지 살펴보는 것이 좋습니다. 다만 프리랜서나 육아 중인 분들이라면 더더욱 규칙적이지 않을 수 있겠죠?

그래서 꼭 이 오프 먼트는 몇 시부터 몇 시라고 숫자로 정하지는 않아도 됩니다. 시간 대신 상황적인 타이밍을 정해두어도 좋아요. 예를 들어 모든 일과가 다 끝나고 집에 들어와서 샤워하기 전 10분. 또는 점심 먹고 나서 사무실로 돌아오는 길에 5분. 이런 식으로 말이죠.

시간을 정해두었다면, 다음으로 **가장 중요한 것은 차단입니다. 내가 온전히 내려놓고 이완할 수 있는 환경을 위해 유해한 것들을 차단하는 것이에요.** 앞서 얘기했던 제 친구들의 경우처럼 게임을 하고 있거나 쇼츠만을 보고 있다면, 이것이 나에게 정말로 휴식이 되는가, 되지 않는가를 명확하게 구분해 보는 거죠. 만약 정말로 나는 캔디팡을 해서 이완이 많이 되고 즐겁고 회복되는 데 도움이 된다면 괜찮지만, 습관적으로 그것에 매몰되어 있다면 차단해 버리는 거죠.

저의 경우는 넷플릭스 보며 폭식하기를 차단했답니다.

이 넷플릭스와 폭식의 조합은 제 인생에서 너무 많은 불행한 일이 동시에 몰려와, 도무지 애쓰지 않고는 생활이 안 되던 제 인생의 암흑기에 찾아와서 습관이 되어버렸어요. 모든 나쁜 일들이 물러가고 난 뒤에도 굳어진 습관은 사라지지 않더라고요.

시간이 나고 마음이 좀 헛헛하다 싶으면 배달 음식을 다 먹을 수도 없을 만큼 매일 밤 시켜놓고, 이미 봤던 넷플릭스 시리즈를 켜놓고 꾸역꾸역 천천히 계속 먹고 있었어요. 가끔 1~2번이라면 '그래. 최근 스트레스가 많았으니까'라고 긍정적으로 생각해 보겠지만, 배달 앱 주문 목록에 2일에 1번꼴로 폭식의 흔적이 남은 걸 보니 한숨이 나오더군요.

스스로를 통제하지 못한다는 한심한 기분은 물론이고, 위암으로 오인될 만큼 심한 위궤양도 얻었고, 혈액 순환 장애로 손발이 종일 저리는 증상도 왔어요. 그래서 저는 찬찬히 환경을 분석하기 시작했습니다. 내가 왜 이런 습관이 생겼을까?

시작점은 2021년, 코로나19로 예년의 4배 이상 폭발적으로 늘어난 업무량, 가족의 투병과 간병, 연인의 외도와 이별, 대기업이 내 글을 뻔뻔하게 표절해 놓고 자기들은 죄가 없다며 법무팀을 동원한 소송까지…. 이게 모두 한 해에 일어난, 정말 숨 막히는 시기였어요.

매일 밤 그 모든 쓰나미가 지나고 조용해지는 건 새벽 1시가 훌쩍 넘어서였지요. 누군가에게 하소연하기도 미안해질 시간, 제가 할 수 있는 건 넷플릭스를 켜놓고 폭식과 음주를 하다가 배부르고 알딸딸한 그 느낌으로 스르륵 잠드는 것. 그것뿐이었어요. 문제는 그 시기들이 다 지나고 정신적으로 안정을 찾은 뒤에도 습관이 계속 남았다는 겁니다.

스트레스 상황과 늦은 밤이라는 조건이 성립되면 늘 똑같이 행동했어요. 무의식중에 '각인'이 된 것이지요. 이 습관에서 벗어나기 위해 뭘 해야 할까, 고민하기 시작했습니다.

일단 저는 저의 하루 행동 패턴을 분석해 봤어요. 곰곰이 살펴보니 행동 패턴은 곧 '공간'과 연결되어 있다는 걸 깨달았지요. 저는 평소에 텔레비전을 최대한 안 보려고 안방이나 거실 대신 가장 잘 안 들어가는 작은 문간방에 두었어요. 그런데, 오히려 밤마다 그 조그마한 방을 마치 동굴 삼아 숨어들어 가듯이 찾아가서 폭식이 더 잦아졌다는 걸 깨달았습니다.

안방에 텔레비전이 있다면, 깔끔 떠는 제 성격상 침대 위 하얀 이불에 음식을 흘리기 싫어서라도 안 먹을 텐데, 작은방에 둔 안락의자와 사이드 테이블은 '먹으면서 늘어지기' 딱 좋은 공간이었던 거예요.

그날로 안락의자를 당근에 팔아버리고 텔레비전을 안방으로 가져왔습니다. 차라리 보다가 잠들자. 먹는 것만은 막아보자. 한동안은 그 방법이 제법 잘 먹혔어요.

그러나 며칠이 지나자 조금씩 '안방에서 야식 먹기'에 관대해지는 나를 발견할 수 있었습니다. '그래 오늘은 저녁을 못 먹었으니까, 이건 폭식이 아니야', '침대 더러워지지 않게 방바닥에 앉아서 먹으면 되지.' 이런 식으로 합리화를 시작하다가, 결국 다시 폭식의 습관이 스멀스멀 반복되는 걸 느꼈어요.

저는 좌절했습니다. '나는 안 되는 건가? 위궤양으로 그렇게 고생했으면서, 의자까지 다 내다 버릴 정도로 각오를 다졌으면서도 며칠을 못 가는 건가? 난 도대체 어떻게 해야 하지?' 그때 불현듯 머리를 스치는 생각이 있었습니다. 제가 바깥으로 음식을 사러 나가지는 않는다는 점, 오직 쿠팡이츠나 배달의 민족 앱만을 사용하고 있었다는 점이었어요.

'그렇다면, 배달 앱 자체를 사용할 수 없으면 되는 거잖아?'

그렇게 저는 스마트 스토어를 뒤져서 휴대폰 강제 잠금 앱을 발견했습니다. 무슨 짓을 해도 열리지 않는 앱. 1~2개의 앱을 잠그는 게 아니라, 아예 통화랑 문자만 빼고 휴대폰을 원천 봉쇄하는 앱을 발견했지요.

폭식의 습관이 원천 차단됨과 동시에, 저는 생각지 못한 또 다른 강력한 오프의 효과들을 발견하게 되었어요. 쉴 때, 일할 때, 심지어 사람을 만날 때도 틈틈이 휴대폰을 잠가보았거든요? 그런데 그 과정을 통해서 제 삶의 질이 엄청나게 상승하고 있다는 걸 깨달았어요. 가히 나비효과라고 불릴 만큼 저의 일상은 달라졌답니다. 물론 긍정적인 방향으로요.

일단 1번째로는 잠을 일찍 자게 되었다는 겁니다. 저는 특별한 일이 없으면, 밤 10시 30분에 자동으로 휴대폰이 8시간

동안 잠기게 설정해 두었어요. 그때부터는 아예 아무것도 할 수가 없습니다. 유튜브도 인스타도 아무것도 볼 수가 없지요.

그와 더불어서 텔레비전 연결선도 근처 사는 부모님 댁에 맡겨버렸어요. 친구들이 놀러 오는 등, 진짜 필요할 때만 가지러 오겠다며 말이죠. 예전에는 휴대폰을 쥐고 시간을 흘려보내다 새벽 2시가 되어서 '아차!' 하며 잠들었다면, 이제는 아무리 딴짓해도 12시 30분을 넘기지 않게 되었지요.

그리고 무슨 일을 하든 몰입이 쉬워졌다는 게 느껴지기도 했어요. 헬스장에서 운동 시작할 때, 바로 잠가버립니다. 예전엔 '쉬는 시간 재야 하잖아'라는 핑계로 휴대폰을 들고 헬스장에 들어갔어요. 그러다 잠깐 업무 카톡이 오면 왠지 지금 하지 않으면 안 될 것 같아 답장하다가 5분, 10분 일하고, 그러다 운동 흐름이 끊어지고 그런 일이 무척 잦았지요. 하지만 이제는 헬스장에 입장함과 동시에 휴대폰을 잠근 다음 1만 원 주고 구입한 스톱워치를 들고 운동을 하게 되더라고요.

훨씬 더 수행 능력이 좋아진 것은 물론이지요. 일도 마찬가지입니다. 책 원고를 쓰거나, 칼럼을 쓰는 등 최소 1~2시간 이상 집중해야 할 때는 휴대폰을 잠급니다. 훨씬 더 빠르게, 질 좋은 글을 쓰기 시작했어요. 그러다 보니 서서히 '어떻게든 되는군'을 실감하게 되더군요.

'휴대폰이 잠긴 동안 급한 연락이 오면 어쩌지?'라는 생각을 처음엔 참 많이 했는데 생각해 보니 아주 급하면 전화가 오더라고요. 그리고 대부분은 1시간쯤 지나서 답변해도 문제없는 거였어요. 내가 그간 너무 종종거렸구나, 깨달았지요.

그래서 또 다른 실험을 해본 게 바로 친구와 지인을 만날 때 1시간 정도 잠가본 거였죠. 내가 휴대폰을 보지 않으니 상대방도 전혀 보지 않았고, 그러니 대화는 물 흐르듯 흘러갔어요. 이렇게 대화에 흠뻑 젖어서 친구의 눈만 보고 소통했던 적이 언제였었나, 그런 생각이 들더군요. 그만큼 '마음을 나누는 시간'이 밀도 높아진다는 걸 깨달았지요.

앞서 경험한 주원 씨의 워크숍을 통해 제가 '걱정'에 대응하기 위해서 종종거리며 애를 쓴다는 걸 알게 되었잖아요? 그 종종거림을 휴대폰이 증폭시키는 구조였더라고요.

그리고 거기에 결정타는 모든 일을 끝내고 쉬려다가도 제 머릿속을 다시 일하는 모드로 만드는 세 글자, '아 맞다!'였습니다. 별거 아닌 것 같은 한마디이지만, '아 맞다! 그거 해야 하는데'라는 생각이 들면 11시든 12시든 휴대폰을 열어 이메일에 답장을 하고, 피피티를 만들곤 했지요.

그러고 나면 또 '난 왜 이렇게 사나' 싶어서 우걱우걱 먹으며 넷플릭스를 보고요. 그런데 폭식이라는 하나의 문제를 차단하기 위해 선택한 방법이 생각지 못한 훨씬 많은 변화를 가져왔습니다. 눈 딱 감고 버튼 하나를 누르는 행동이, '생각보다 큰일 안 난다'라는 믿음을 만들어주고, 무슨 일이 일어나도, 대부분의 일은 수습할 수 있다는 생각을 갖게 해준 거죠.

휴대폰을 잠그고 난 오프 먼트에 '아 맞다!'가 떠오르면 어떡하냐고요? 요즘엔 자연스럽게 이렇게 생각합니다.

'내일 할 일 0번으로 저장.'

생각해 보세요. 2020년대 현재가 아니라, 30년 전인 1990년대였다면 어차피 그렇게밖에 할 수 없잖아요? 그땐 인터넷도 스마트폰도 없을 때니까요. 바로 일을 하래야 할 수가 없어요. 그러니 별수 있나요? 내일 아침의 나에게 맡기기로 하고, 일단 내가 자기로 정한 시간엔 자야죠.

그렇게 눈 딱 감고 원천 차단을 하고 나니, 그제야 알겠더군요. 하루는 생각보다 훨씬 길고 풍성해질 수 있다는 걸.

애플리케이션을 활용한 오프 먼트 만들기

잠글시간 (앱)

이 앱은 제가 써본 디지털 디톡스 도구 중 가장 강력해서 1번으로 소개하려고 해요. 설정한 시간 동안에는 정말 문자랑 전화 기능만 남기고 나머지는 다 잠긴답니다. 마치 스마트폰 이전 시절, 통화만 되던 시절의 2G폰으로 돌아간 것 같은 느낌이죠. 그야말로 원천 차단해 준다는 장점이 있어서 자정 이후에는 자동으로 실행되게 늘 세팅해 둔답니다. 가장 오래 쓰고 있는 앱이에요.

Digital Detox (앱)

이 앱은 재미있고도 무서운(?) 특징이 있어요. 잠금을 풀 수는 있습니다. 그런데 그 대가로 벌금을 내야 해요. 저는 한국 돈으로 한 30만 원 정도 설정해 두었는데요. 이렇게 해놓으니까 정말 웬만해서는 잠금을 풀지 않게 되더라고요. 잠금 해제하면 그 돈은 어려운 사람들에게 기부되기 때문에, 혹시나 한 번 유혹에 졌다고 해도 나름의 의미는 있지만요.
또 이 앱이 좋은 점 중 하나는 '예외 앱'을 여러 개 설정할 수 있다는 겁니다. 저는 프리랜서로 일하다 보니까 이메일이나 인터넷 뱅킹 같은 건 써야 할 때가 많잖아요. 특히 낮에 잠깐이라도 숨 돌리고 싶을 땐 처음 소개한 잠글시간 앱이 좀 부담될 때가 있어요. 급한 일 생길까 봐. 그런데 필수 앱을 여러 개 설정해 두면 그건 잠근 시간에도 쓸 수 있고 나머지는 다 차단되니까 그 균형이 참 좋더라고요.

넌 얼마나 쓰니? (앱)

이 앱은 단순히 잠그는 것보다는 '내가 앱을 얼마나 쓰고 있는지'를 데이터로 알려주는 데 초점이 더 많이 맞춰져 있어요. 어떤 앱을 얼마나 자주, 얼마나 오래 쓰는지 아주 자세하게 기록해 줍니다. 저는 이걸 통해서 '아, 내가 진짜 요즘 이 앱을 너무 자주 켜고 있구나'라는 걸 수치로 확인할 수 있었어요. 그러다 보니 자연스럽게 '내 의지로' 줄이게 되더라고요.

앞서 소개한 2가지 앱이 처음 독하게 마음먹을 때 시작하는 느낌이라면, 이 앱은 나중에 내 의지로도 가능해질 때쯤 사용해도 좋을 것 같다는 생각이 들어요. 사용 시간의 증감 추이도 보기 쉽게 나와서, 조금씩 습관이 바뀌는 내 모습을 눈으로 확인할 수 있다는 점이 꽤 동기부여가 됐습니다. 물론 필요하다면 앱 자체를 잠글 수도 있어서, '기록과 잠금' 두 가지 기능을 동시에 쓸 수 있는 점도 괜찮았어요.

Blockin (앱)

이 앱은 이런 분들께 좋아요. '휴대폰 전체를 잠그는 건 무섭지만, 특정 앱이나 웹사이트는 좀 조절하고 싶다'라는 분들이요. 앱 하나하나에 대해 시간대별로 세세하게 잠금 설정할 수 있고, 특정 사이트만 차단할 수도 있어요.

특정 인터넷 커뮤니티를 너무 오래 하는 분들은 그거 하나 막자고 인터넷 앱 자체를 잠그기 부담스러울 수도 있잖아요. 그럴 때 커뮤니티 사이트만 잠글 수 있다는 게 장점이죠.

저도 한동안 이 앱으로 유튜브랑 넷플릭스를 차단하고, 네이버 웹툰 사이트랑 자주 가는 커뮤니티 사이트만 잠가놓고 지냈는데, 그 몇 개만 없어도 휴대폰에 손이 확실히 덜 가더라고요. 전체 잠금이 부담스럽거나, 내가 자주 시간 뺏기는 사이트가 몇 개 정해져 있는 경우에는 이 앱이 꽤 실용적이랍니다.

금욕 상자 (실물 도구)

이건 앱은 아니고 실제 물건이에요.

생긴 건 그냥 큰 플라스틱 상자 같기도 하고, 어떤 건 파우치처럼 생겼는데요. 안에 전자 자물쇠가 달려 있어서 잠금 시간을 설정해 놓으면 그 시간 동안은 절대로 열 수가 없어요. 망치로 깨부수지 않는 한은요.

저는 이걸 좀 큰 사이즈로 하나 샀는데요, 휴대폰은 안 넣고 노트북 충전기, 마우스, 텔레비전 리모컨 이런 것을 다 집어넣습니다. 그렇게 하면 휴대폰은 잠금 앱으로 막고, 노트북이나 텔레비전 같은 건 물리적으로 아예 사용할 수 없게 되거든요.

밤 11시쯤 되면 7시간 정도로 잠금 설정을 해놓고, 그냥 '오늘 하루 여기까지' 하고 내려놓는 연습을 하고 있어요. 휴대폰을 잠그니 노트북에 매달리는 부작용이 있었는데, 이걸로 완전히 정리가 됐죠.

스스로 이완할 수 있는 환경 만들기

스스로 이완할 수 있는 환경 만들기

그것을 어떻게 차단하고 이완된 환경을 확보할 수 있을까?

이완과 회복의 장소, '케렌시아' 만드는 방법

여러분은 '케렌시아'라는 단어를 아시나요?

스페인 투우 경기에서 사용되는 용어인데요. 투우에서 소가 지치거나 다치면 본능적으로 몸을 피할 수 있는 임시 쉼터를 뜻해요. 소가 잠시 숨어 회복하고 다시 투우 경기장으로 나오는 곳인 셈이죠.

사실 저는 동물을 너무 사랑하는 사람으로서 이 원래 의미의 케렌시아는 너무 잔인하다고 생각하긴 해요. 결국 소가 케렌시아에 들어가서 쉬는 이유는 다시 투우 경기장에 나와서 더 싸우기 위한 거잖아요. 투우를 빨리 끝내지 않으려는 인간의 욕심… 얼마나 잔인합니까. 그런데 제 말을 듣고 있던 친구 준후가 그러더군요.

"우리는 뭐 소랑 다른가?"

우리도 소처럼 끌려 나가서 일하는 게 다르지 않은 것 같다는 말이었어요. 그런데 학자들도 그렇게 생각했던 모양입니다. 현대 사회에서는 소가 아니라 사람이 쉬는 공간으로 뜻이 바뀌었거든요. 스트레스, 번아웃, 감정 노동 등으로 인해서 자기 회복의 공간이 절실해진 현대인들에게 '오롯이 나 혼자 쉴 수 있는 아지트'를 의미하는 뜻이 되었어요.

다만 다른 점이 있다면 소는 케렌시아에서 결국 쉬어봤자 투우장에서 맴돌다 목숨을 잃고 말지만, 우리는 앞으로 나아가는 삶을 살아가기 위해서 케렌시아를 활용한다는 거예요.

앞에서 소개한 저의 휴대폰 잠금 앱들이 정신적인 오프의 도구였다면, 케렌시아는 신체적으로 완전히 나를 쉬게 하는 피난처를 말합니다. 물론 휴대폰 잠금 앱과 달리 피난처는 매일매일 가서 쉬기는 어려울 수 있어요. 대신에 이 케렌시아는 일상에서 갑자기 짬이 났을 때, 생각지도 못하게 시간이 비었을 때 그 기능이 빛을 발하죠.

여러분은 갑자기 생각지도 못하게 빈 시간이 나면 뭘 하세요? 저는 밤에는 앞서 말했듯이 넷플릭스 보며 폭식했지만 낮에 일과 시간 중에 시간이 비면 늘 내일 할 일을 당겨서 했어요.

그러면서 생각했죠. '아, 그래도 일을 당겨서 했으니까, 내일은 좀 편해지겠지.' 하지만 그런 날은 영영 오지 않았답니다. 내일 시간이 나면? 모레의 일을 당겨서 했고, 모레 시간이 나면 다음 주 일을 당겨서 했습니다. 그러면서 다음 주는 좀 편할 거라고 생각했어요.

그렇다고 해서 일을 안 한다고 해봤자, 딱히 대안도 없었습니다. 스타벅스에 앉아서 인터넷으로 뉴스나 좀 보다가, 웹툰 보다가, 인스타그램에서 친구들 보면서 '와 잘나가네, 대박이다'만 반복하고는 했죠.

그러던 제가 이제는 절대 일하지 않고, 휴대폰만 보지도 않고, 주저 없이 어디론가 향합니다. 저에게 케렌시아가 어디인지 명확하게 찾아냈기에 시간 날 때마다 거기로 가거든요. 그 공간은 바로 목욕탕과 코인 노래방 그리고 공원입니다. 제 가방에는 요즘 늘 때수건 2장과 500원 동전 6개가 들어 있어요.

바깥에서 미팅하거나 강연하는 등 나가는 일정이 있을 때, 생각지 못하게 시간이 뜨는 경우가 많은데요. 저는 일단 얼마나 시간이 남는지를 확인합니다. 그리고 1시간 이상이 난다면 그 동네 사람이나 업무 담당자에게 물어보죠.

"이 동네에 목욕탕 좋은 데 있어요?"

그리고 바로 갑니다. 내가 가장 마음이 편안해지는 장소는 어디인가. 케렌시아를 탐색하는 작업을 했을 때 제가 가장 먼저 꼽은 것은 목욕탕과 수영장이었거든요.

두 장소의 공통점이 뭔지 아세요? 물이 있는 공간? 그것도 맞지만 사물함에 모든 짐들을 넣어버리고 맨몸으로 들어가는 곳이에요. 저에게는 휴대폰이며 가방이며 노트북이며 모두 다 사물함에 넣어버린다는 그 사실 자체가 큰 해방감을 주었던 겁니다.

그리고 또 다른 곳은 코인 노래방이었어요. 여긴 주로 1시간보다 적게 짬이 나서 목욕하기는 빠듯할 때 가는데요. 큰 반주 소리 때문에라도 무슨 전화가 왔는지 무슨 카톡이 왔는지 알아차릴 수가 없어서, 짧게나마 생각들을 내려놓게 되더라고요.

이렇게 케렌시아는 꼭 집 근처나 사무실 근처가 아니어도 되고, 하나가 아니라 여러 개를 찾아놓고 소요 시간에 따라서 선택해도 좋습니다.

물론, 저는 사무 공간에서 업무를 볼 때도 그에 맞춰 케렌시아를 만들어두었습니다. 30분 이하로 짬이 났다면 3분 거리에 있는 공원에 빈손 산책을 하러 가고요. 1시간 정도 시간이 난다면 제가 아주 좋아하는 무인 카페의 제일 구석 자리에 가서 아무 책이나 읽다가 돌아옵니다. 그리고 반나절 가까이 주어진다면 기차역으로 가서 아주 짧은 기차 여행을 하고 돌아옵니다.

저는 수원에 사는데요. 기차를 타고 20분만 가면 평택에 도착합니다. 가장 싼 무궁화호를 타면 3천 원 남짓한 돈으로 기차 여행을 할 수 있어요. 내려서 뭘 특별히 하지는 않아요. 하지만 왠지 기차를 타고 간식을 먹으면서 어딘가로 향하고 있다는 그 느낌만으로도 무언가 평온해지고, 많은 방해 요소로부터 잠시 탈출하는 기분을 느낄 수가 있답니다.

정리해 보자면 저는 이렇네요.

장재열의 케렌시아

바깥에 있을 때

1시간 이하 : 코인 노래방

1시간 이상 : 그 지역의 인기 목욕탕

실내에서 일할 때

30분 이하 : 근린공원 빈손 산책

1시간 정도 : 무인 카페 구석 자리 독서

3시간 이상 : 무궁화호 타고 짧은 여행

케렌시아의 핵심은요. 일상생활을 하다가 마음이 평온해지는 장소를 발견할 때마다 틈틈이 기록해 두는 겁니다. 각 잡고 생각하려고 하면 잘 떠오르지 않는 경우가 많고, 오히려 일상에서 자주 발견할 수 있어요. 실제로 '어, 여기 괜찮네'라고 생각했다가 까먹고 스쳐 지나가 버린 곳이 꽤 많을 수 있습니다.

지금까지 그런 공간을 다 기록해 뒀다면 상당한 케렌시아 후보군이 되었겠죠? 틈틈이 발견하는 대로 기록해 뒀다가, 몇 개 모이면 그중에서 저처럼 짧게 머무를 수 있는 공간, 조금 긴 시간이 주어졌을 때 충분히 쉴 수 있는 공간들을 분류해 두면 더욱 좋아요.

그리고 자기 접근성을 고려하는 것도 중요해요. 한자리에 쭉 있는 사무 업무하시는 분들이라면 집이나 사무실 등 생활 반경 위주로, 영업 등 외부 업무를 중심으로 하는 분들이라면 특정 장소가 아닌 카테고리별로 분류해 두는 것도 좋습니다. 목욕탕이나 노래방, 공원, 교회나 성당, 절 등 어느 지역에나 있는 것들로 말이죠.

만약 케렌시아를 찾기가 어렵다고 느껴지신다면, 1가지 방법을 추천해 드릴게요. 휴대폰을 들고 동네 이곳저곳을 돌아다니면서 풍경 사진을 50장만 찍어보는 겁니다.

내가 스치듯이 무심결에 지나갔던 어떤 곳이든 좋아요. 50장을 다 채워야만 집에 들어갈 수 있다고 생각하고 곰곰이 동네를 살피며 찍는 거예요. 그리고 집에 돌아와 50장의 사진들을 살펴봅니다. 그중 보고만 있어도 마음이 편안해지는 곳들이 추려질 거예요. 일단 거기를 케렌시아로 정해보는 거죠.

50장이라는 의무감이 주어지면 내 주변에 스쳐 지나갔던 공간들도 조금 더 세밀하게 보게 되고, 그 세밀한 시선 속에서 내가 미처 알아차리지 못했던, 나의 기질과 맞는 공간을 발견하게 될 가능성도 아주 크거든요.

꼭 한 번 해보셨으면 좋겠어요.

파랑새가 아무리 찾아도 없다가 집에 돌아오니 있었더라는 동화 속 이야기처럼 우리를 가장 온전하게 나답게 만들어주는 회복과 치유의 케렌시아는 의외로 우리가 지나친, 눈에 익은 곳 중에 있을 수도 있으니까요.

나를 위한 케렌시아 발견법

틈날 때마다 날 편안하게 해주는 곳 기록하기

내 생활 반경에서 50곳의 이미지 찍고 추려보기

의식적 혼자 있기의 중요성
— 은경 씨 이야기

자 이렇게 차단도 했고, 나만의 피난처 케렌시아도 만들었다면 이제는 정말 '실천!'을 해야 할 때입니다.

저는 요즘 이렇게 실천하는 걸 **'의식적 혼자 있기'**라고 이름을 붙여서 하나의 취미처럼 삼았는데요. 원래 있던 심리학 용어라던가 그런 건 아니고요. 제 머릿속에서 뿅 하고 떠오른 단어예요. 무언가에 이름을 붙이면 우리는 더욱 그 대상을 소중히 여기게 되잖아요. 마찬가지로 휴식을 실천하는 시간에도 이름을 붙여준 거죠.

'의식적 혼자 있기'는 말 그대로 혼자 있으면서도 나 자신을 의식하는 건데요. 정확히 말하면 '나 혼자 있네, 외로워' 이런 의식이 아니라, 내가 나를 데리고 있다는 감각을 계속 느끼는 겁니다. 내가 여기에 있다는 느낌조차 없이 그냥 멍하게 시간을 보내는 게 무의식적 혼자 있기라면, '아, 지금 나는 오롯이 나만의 시간을 보내고 있구나. 나는 다른 누구도 아닌 나와 함께 있구나' 하고 의식하면, 시간을 어떻게 써야 할지에 대한 관점이 달라집니다.

지난겨울, 정확히는 설날 다음 날이었는데요. 눈이 정말 많이 왔었어요. 전국적인 폭설이었다나요. 그야말로 삿포로를 넘어 알래스카처럼 빙판으로 뒤덮여버려서 가족들은 아무도 집 밖으로 나가지 않으려고 했어요. 다들 낮잠을 자러 뿔뿔이 방으로 흩어졌죠.

하지만 저는 잘 수 없었어요. 왜냐하면 수면 리듬을 바로잡는 중이었거든요. 20년 넘게 지병처럼 불면증을 겪어온 제가, 휴대폰을 잠그고 나서 점차 제대로 된 수면 시간으로 돌아오고 있었어요. '이렇게 잘 자게 되었을 때 제대로 수면 리듬을 잡아야 한다. 그러니까 낮잠은 안 된다'라는 생각이 들었던 거예요. 그럼 뭘 하지? 곰곰이 생각해 봐도 설 당일 오전은 도무지 할 일이 없는 시간이더라고요.

목욕탕도 코인 노래방도 모두 문을 닫았고, 친구들은 대부분 기혼자라 친정이나 시댁에 가 있으니까 만날 수도 없고, 싱글인 소수의 친구조차 대부분 본가에 가 있었으니까요. 친구도 못 만나지, 가족들은 모두 잠들었지, 어지간한 가게들은 모두 닫았지. 그래서 혼자 소파에 우두커니 앉아 있다가 자꾸 꾸벅꾸벅 졸길래 무작정 롱 패딩을 입고 밖으로 나갔어요.

설날 오전 9시 30분, 거리가 휑했어요. 혼자 거리를 배회하고 있다는 느낌이 훅 들더라고요. 괜스레 쓸쓸하고 적적하다 싶을 때 갑자기 친구 은경이 생각이 났어요.

전화를 걸면 10번 중에 5번은 잘 안 받는 내 친구 은경이. 1번에 받는 일이 거의 없는 그녀는 혼자서도 너무너무 잘 사는 친구였죠. 은경이는 제 전화를 못 받을 때면, 한참 뒤에 다시 걸어와 늘 이렇게 말했어요.

"어? 재열, 전화했었네?"

"응, 일하고 있었니?"

"아니? 데이트."

"남편이랑?"

"아니? 나 자신과의 데이트."

"뭐야, 그냥 혼자 있었네. 그런데 왜 전화를 안 받냐?"

"어머, 저기요. 나와의 데이트도 데이트거든요? 방해받고 싶지 않을 수도 있지 않나요?"

이상하게 그날 아침에 유독 은경이와의 대화가 머릿속에 맴돌더라고요. 나와의 데이트라⋯. 문득 지금처럼 세상 그 누구도 나를 방해하지 않는 날이 1년 중 며칠이나 될까 싶은 거예요.

업무 연락은 물론이고, 의례적으로 보내는 새해 인사 카톡도 어제저녁과 오늘 아침 일찍 한 차례 다 주고받았고, 친구들도 대부분 가족이랑 있으니 나한테 만나자고 연락할 일 없고, 거리에 사람도 없고. 이렇게까지 고요한 시간이 자주 있었나? 정말 거의 없더라고요.

거기까지 생각이 닿으니 '지금은 휑한 게 아니라 고요한 거다'라고 느껴지면서 왠지 이 시간이 귀하고 희소하게 느껴졌어요. 그래서 저도 나와의 데이트에 써봐야겠다고 생각했죠. 그런데 나와의 데이트는 생전 처음이라 뭘 해야 할지 모르겠더라고요? 그래서 타인과 데이트할 때를 떠올리며 하나씩 응용을 해봤죠.

일단 밤에만 잠기는 제 휴대폰을 그날 오전에도 1시간 정도 잠금 상태로 만들었어요. 데이트할 때 최악인 건, 역시 사람 앞에 앉혀두고 휴대폰만 쳐다보는 거잖아요. 그래서 평소 잠그지 않던 시간이었지만, 그때도 휴대폰을 완전히 잠가버린 다음에 나 자신에게 물어봤죠. 무엇을 하고 싶은지, 어디로 가고 싶은지 말이에요.

우리 데이트할 때도 상대에게 "뭐 먹고 싶은 거 있어? 어디 가고 싶은 데 있어?"라고 물어보면서 호감과 존중을 표시하잖아요. 제가 저 자신한테 그렇게 물은 거죠.

제 답은 이랬습니다. "그냥 하염없이 걷고 싶어. 이렇게 사람 없을 때. 사람들이 눈을 밟지 않아서 아직 깨끗한 상태일 때, 최대한 많이 뽀득뽀득 눈밭을 걷고 싶어."

그래서 걸었죠. 아주 천천히 느리게, 오래오래 말이에요. 그러면서 그 시간 동안 계속 나 자신에게 말을 걸었어요.

'와, 진짜 예쁘다. 나오니까 너무 좋네.'

'와 예전에 강원도 할머니 집 갔을 때랑 거의 똑같다. 어릴 때 생각난다.'

'어, 저 사람들 플라스틱 박스에 눈 담고 있네? 뭐 하는 거지? 헐, 이글루 만들고 있네. 완전 대박이다.'

물론 입 밖으로 소리 내서 말하지는 않았지만, 그래도 마음속에 있는 또 다른 나에게 계속 말을 거는 이 과정이 꽤 신선하게 느껴졌어요. 외롭지 않고 굉장히 충만한 마음이 드는 거예요.

아마 여기까지 읽으신 분들은 '그냥 혼자 걸어 다니면서 이런저런 생각했다는 거잖아?' 생각하실 수도 있습니다. 사실 그 말이 맞아요. 그런데 몇 가지 다른 점이 있어요.

1번째, 내가 나와 함께 있기를 의식적으로 선택했다는 것.

2번째, 그 시간을 충실히 보내기 위해서 모든 외부적인 환경으로부터 '오프'를 선언했다는 것. 3번째, 결정적으로 나에게 끊임없이 질문하고 대화하고 귀 기울이는 과정을 통해 '혼자이지만 소통 중인 상태'로 시간을 보냈다는 점이지요.

왜 앞서 소개했던 제 친구 지민이 기억나세요? 10일간 휴대폰도, 책도, 심지어 참여자들끼리 대화조차 못 하게 했던, 그야말로 모든 언어가 차단된 묵언 스테이에 다녀와서 정말 좋았다고 했던 그 경험 말입니다.

그때 그녀가 느낀 감각 또한 아마도 이런 것 아닐까요? 아무와도 대화할 수 없는 상황이었기 때문에, 오히려 자기 자신과 끝없이 대화하면서 '내가 나를 데리고 있다'는 감각을 강하게 느꼈을 테니까요.

이 감각이 가장 중요해요. 우리가 매일매일 '오프 먼트'를 실천하든, 문득 짬이 난 순간에 케렌시아로 떠나든, 그런 환경이 만들어져도 **우리가 혼자 있는 그 시간을 흘려보내지 않으려면 '나는 지금 나와 함께 있다'라는 감각을 계속 느껴야 합니다.**

내가 나를 데리고 30분간 시간을 보내야 한다면, 1시간을 내어 내가 나와 데이트를 한다면, 나는 나와 어떤 시간을 보내고 싶을까? 생각하는 과정 자체가 휴식이 됩니다. 낮 동안 우리를 조여오던 수많은 긴장과 애쓰던 순간에서 자연스레 벗어날 수 있어요. 오늘도 저는 휴대폰이 꺼지고 고요함으로 가득한 밤이 되면 저 자신에게 묻습니다.

'이제 너, 나랑 이 시간을 어떻게 보내고 싶어?'

내가 나를 가장 중요한 사람으로 대접하기 위해 묻고, 또 경청하는 거예요. 그리고 이 연습이 오래되면 신기한 변화가 찾아옵니다. 굳이 정해둔 시간에 각 잡고 대화하지 않아도, 자연스레 제 안의 목소리가 먼저 똑똑, 나에게 문을 두드리며 '저기 얘기 좀 할 수 있을까?'라고 말을 걸어오는 경험까지 하게 됩니다.

전 최근에 그런 경험을 했는데요.

지난 몇 달간 눈코 뜰 새 없이 바빴습니다. 1달에 2일이나 3일 빼고는 계속 무언가를 해야 하는 날들이 반년 가까이 이어졌죠. 주변에서 "아니 번아웃 연구하는 작가가 이렇게 바쁘게 살아서 어떻게 하나"라고 했지만 반드시 이건 내려놓을 수가 없는, 반드시 꼭 해야 하는 일들로만 가득 찬 시기였어요. 저는 그럴 때마다 웃으면서 말했습니다.

"번아웃이랑 과로랑 다른 건데, 저는 몸이 지친 과로 상태고요. 마음이 지친 번아웃은 아니에요."

그렇게 말할 수 있는 이유는, 이렇게 바쁜 일과 속에서도 틈틈이 저의 목소리가 '똑똑' 하고 끼어들면 그 순간 즉시 하던 일을 멈추고, 내 목소리에 귀 기울여주는 시간을 끼워 넣었기 때문이죠.

'어떻게든 되겠지'라며 다소 느슨해진 마음과 '나를 데리고 있다'라는 감각으로 내 목소리에 귀 기울이는 습관, 이 2가지가 합쳐지면서 바쁜 가운데서도 숨을 고를 수 있게 되었어요. 그러면서 '양해를 구하는 것'에도 조금 더 익숙해지는 변화가 찾아왔습니다.

사실 전 양해를 구하는 것을 정말 못했어요. 애쓰며 사는 많은 분이 타인에게 폐를 끼치거나 실례하는 걸 극도로 싫어하는 경우가 많습니다. 수인이를 포함해서 이 책에 나온, 혹은 제 이전 책들에 나온 대부분의 사례자가 그러했죠. 대체로 선량한 사람들이었고요. 남에게 피해를 주느니 차라리 내가 조금 더 고생하자고 하는 사람들입니다.

그러다 보니, 조금 미루거나 기일을 넘겨도 그렇게 큰일이 아닌 작은 것조차 강박적으로 지키려 하고, 지키지 못하면 자책하곤 했어요. 저 역시 마찬가지였고요. 하지만 어느 날부터 내가 너무 버거운 상태일 땐, 타인에게 큰 피해를 주지 않는 선에서 조금씩 양해를 구하고 쉴 수 있게 되었어요. 예시 하나를 들어볼게요.

그날은 일요일이었는데요. 점심에는 우리 〈월간 마음건강〉 매거진에 글을 써주시는 에디터들과 함께 정기 회의가 있었어요. 아무래도 우리 잡지 특성상 에디터들은 다 심리학자이거나 상담가이거나 그렇지 않더라도 각자의 전문 분야 본업이 있는 분들이다 보니, 그분들 일정에 맞춰 일요일에 만나는 경우가 종종 있었어요.

그런 날에는 원래 다른 일정을 잡지 않는데, 하필 그날은 회의가 끝나자마자 오랜 지인인 희정 씨를 만나러 분당으로 이동해야 했습니다.

밀물처럼 몰려오는 스케줄 때문에 이미 주말도 없이 2주째 일하고 있던 시기였어요. 당시 출간한 책 《리커넥트》가 베스트셀러로 주목받으면서 강연과 북토크 요청이 밀려들고 있었거든요.

특히 이 책은 요즘 큰 문제로 대두되는 사회적 고립을 주제로 다루었기 때문에, 우리 사회 곳곳에 은둔이나 고립을 겪고 있는 사각지대의 시민들을 만나달라는 요청이 많았습니다. 애당초 공익 재단들과 협력해 인세를 기부할 생각까지 하며 냈던 책인 만큼, 이 책을 내고 활동하는 동안은 정말 돈 따지지 말고 내 마음이 움직이는 곳은 어디든 다 가서 사람들을 돕자고 다짐했었죠.

그런데 문제는, 그 이전 작품인 《마이크로 리추얼》이 정부 주관 올해의 우수 도서로 선정되면서 또다시 주목받고, 이곳저곳에서 강연 요청이 이어졌다는 거예요.

물론 너무 감사한 일이었지만, 동시에 새롭게 시작한 신생 매거진의 초보 편집장으로서 챙겨야 할 일들도 산더미 같았죠. 일을 가르쳐줄 선배도 없었어요. 그렇게 상황이 겹치고 겹치다 보니 상상 이상으로 많은 업무량에 봉착하게 된 겁니다. 시기가 참 공교로웠다고나 할까요?

하지만 분명 예전 같았다면, 이럴 때 '아 힘들어 죽겠다, 난 왜 거절을 못 했지, 난 왜 이렇게 허덕거리면서 사는 거지'라는 생각들이 들었을 법도 한데, 최근에는 이런 생각을 거의 하지 않는다는 사실을 발견했어요.

그런 생각이 들기 전에 제 마음속 또 다른 자아가 먼저 치고 올라와 저를 멈추게 하고, 잠시 내려놓게 도와줬거든요.

어쨌든 에디터들과 회의가 끝나고 희정 씨를 만나러 가려는 길. 문득 내가 서 있는 곳이 선릉역 부근이라는 것을 알게 됐어요. '어? 여기 선정릉 있는데'라는 생각이 들더군요. 선정릉은 도심 한복판에 있는 아주 아름다운 왕릉 유적지인데요. 조선시대의 제9대 왕 성종과 그의 부인 정현왕후가 함께 잠들어 있는 선릉과 조선 제11대 왕인 중종이 잠들어 있는 정릉을 합쳐서 부르는 말이에요. 유네스코 세계문화유산으로도 지정된 곳입니다.

회의가 끝난 그때가 오후 2시. 그리고 희정 씨를 만나기로 한 시간은 3시. 약속 장소로 가는 데까지 걸리는 시간은 최소 50분. 지금 당장 출발해야 희정 씨와의 약속을 겨우 맞출 수 있는 시간이었어요. 늘 한번은 가보고 싶다고 생각했던 선정릉이 눈앞에 있는데도 스쳐 지나가야 하는 상황이었던 거죠.

그때 제 마음속에서 이렇게 말하더군요. '아… 나 저기 선정릉에서 딱 10분만 앉아 있으면 좋을 것 같은데. 딱 10분만이라도. 초록색 잔디랑 나무를 보면 회복될 것 같아.'

예전 같으면 이런 생각이 아예 들지도 않았거니와 들더라도 다음에 가자고, 지금은 늦는다고 나를 달래면서 발걸음을 옮겼겠지만, 그날은 달랐어요. 희정 씨에게 카톡을 보냈죠.

"희정 씨. 혹시 죄송하지만 30분만 늦게 만날 수 있을까요?"

그런데 의외로 너무 쿨하게 얘기하는 거예요.

"그러시죠, 저는 문제없어요."

그렇게 약속을 미루고 선정릉으로 들어갔습니다. 15분 남짓 멍하니 앉아 있었어요. 휴대폰도 잠그고, 음악도 안 듣고, 생각도 멈추고. 완전히 모든 것을 훅 내려놓고 이완된 상태로 가만히 4월의 푸른 잔디를 쳐다보기만 했죠.

그때 돌아오면서 깨달았습니다. '아… 체력은 모르겠지만, 적어도 정신적인 측면에서만큼은 얼마나 오래 쉬었는가 보다 얼마나 쉬고 싶은 순간에 쉬었는가가 중요하구나'라고요. 양보다 질, 정확히는 타이밍이 더 중요하다고나 할까요?

이렇게 순간순간 스스로의 목소리에 귀 기울이고, 응답하며 짬을 내다보니, 번아웃이나 심리적 위기 없이 무사히 그 죽음의 스케줄을 건너올 수 있었습니다. 그럴 수 있었던 것은 '너 지금 뭘 하고 싶니? 너 나와 어떤 시간을 보내면 가장 편안할 것 같니?'라고 나 자신에게 묻는 연습을 해왔기 때문이었어요. 오랫동안 선택적 함구증 Selective Mutism 처럼 입을 닫았던 내면이, 조금씩 먼저 요구하는 것에 익숙해지기 시작한 거죠.

선택적 함구증은, 아이들에게서 흔히 발견되는 증상 중 하나이기도 한데요. 다른 상황에서는 말을 잘할 수 있지만 특정한 사회적 상황에서는 말하지 못하는 불안 장애를 말합니다.

그러니까 말할 줄 모르거나 언어에 문제가 있는 게 아니라 특정 상황에서만 입이 꽉 닫히는 거죠. 성격이 수줍어서 그런 것도 아니고, 예의가 없어서 그런 것도 아니에요. 진짜 본인의 의지와 관계없이 말이 나오지 않는 건데요.

어떤 아이는 집에서는 말을 잘하는데 학교에서는 몇 년째 단한 마디도 못하는 경우도 있고요. 반대로 학교에서 또래랑은 말을 잘하지만, 어른에게는 전혀 말하지 않거나, 다른 어른들은 괜찮은데 부모에게만 전혀 말하지 못하는 경우도 있습니다.

이 증상은 불안 장애와 연관성이 아주 깊은데요. 특정 상황에 대한 두려움, 지나친 부끄러움 또는 통제 경험 등이 영향을 미쳐요. 정신 분석 전문가 선생님들께서는 어린 시절 지나친 억압(주로 부모 및 양육자)의 결과로 보시기도 하더라고요.

그런데 '억압'이라는 상황은 비단 어린이들만 겪는 문제가 아니거든요. 어른에게도 일어날 수 있습니다. 특히 나와 나 사이에서 많이 일어나지요. 내가 나를 억압하는 겁니다. 우리는 흔히 2개의 나를 가지고 살아가는 경우가 많은데 바로 페르소나와 자기Self입니다.

페르소나의 경우는 사회적인 역할이나 위치에 따라 보이는 나를 말해요. 저라면 작가로서의 장재열, 상담가로서의 장재열, 매거진 편집장으로서의 장재열, 우리 부모님 첫째 아들로서의 장재열, 친구들에겐 친구로서의 장재열 등이 되겠죠? 그에 반해 자기는 이 모든 역할과 상관없는 '그냥 나'를 말합니다. 그러니까 내면에 있는 가장 본질적인 알맹이라고도 할 수 있겠죠.

그런데 집단주의가 강한 사회일수록 페르소나를 더 많이 쓰는 경향을 보입니다. 한국 사회도 마찬가지죠. 누군가의 가족으로서, 배우자로서, 부모로서 또는 회사의 차장으로서, 과장으로서, 대리로서 해야 하는 일들을 충실히 최선을 다해 수행하는 게 '모범'으로 여겨지죠.

그러나 이 모범이 과하면 자기가 요구하는 것들을 자주 묵살하게 됩니다. 그런 경험이 쌓이면 자기는 입을 닫아버리고, 어느 순간 내가 뭘 하고 싶은지, 시간이 주어져도 어떤 것들을 하며 시간을 쓸 수 있는지 좀처럼 떠오르지 않는 거죠. 내 마음인데도 내가 모르는 상황, 마치 비유하자면 이런 겁니다.

나에게 자녀가 있는데 2~3살이 될 때쯤, 그러니까 이제 막 말을 떼고 요구 사항이라는 게 생기기 시작할 때쯤에요. 그 아이가 말하는 모든 요구를 매번 거절한다고 하면 어떨까요?

"엄마 이거 먹고 싶어요."

"안 돼. 돈이 없어."

"아빠 놀이공원에 가고 싶어요."

"안 돼. 오늘 아빠 힘들어."

"엄마, 친구들이 다 가지고 있는데 저도 저거 장난감 하나만 사주면 안 돼요?"

"안 돼."

"아빠 오늘 저녁에는 꼭 저랑 같이 놀아요."

"아빠 모임이 있어. 다음에 놀자."

이런 식으로 매 순간 요구를 거절당하면, 어느 순간 아이는 겉보기에 조숙한 아이가 됩니다. 더 이상 요구 사항을 말하지 않는 거죠. 그런데 그 얌전해 보이던 아이가 시간이 흘러 청소년기가 되면 돌변하는 경우가 꽤 많습니다.

부모는 당황하기 시작합니다. '내 아이가 금쪽이라고? 믿을 수 없어.' 그러면서 다급하게 식탁으로 부르죠.

"오늘은 엄마랑 허심탄회하게 얘기 좀 하자, 너 뭘 원해? 엄마가 어떻게 해주길 바라니? 뭐가 문제니?"

그럴 때 평생 억압을 당한 그 아이가 "엄마, 사실은 나 이런 게 너무 서운했어요. 이런 걸 저와 함께 바꾸지 않을래요?"라고 말할까요? 아니요. 대부분의 아이는 이렇게 말합니다.

"할 말 없는데."

"바라는 거 없는데?"

"아, 없다고."

아이가 반항하거나 부모를 난처하게 만들려고 일부러 수를 쓰고 있는 걸까요? 진짜 할 말이 없고, 말이 안 나오는 걸 수 있습니다. 부모에게 무엇을 말하든 항상 거절당했던 아이가, 그래서 입을 닫은 채 수년을 살아온 아이가 느닷없이 허심탄회하게 말하라고 한다고 할 말이 떠오를까요? 몇 시간 동안 붙잡아두고 아이에게 '너 말할 때까지 못 나가'라고 하더라도 말 못하는 아이도 상당수 있을 겁니다.

내 마음도 마찬가지예요. 우리가 나에게 주어진 역할을 다하기 위해서 무언가를 먹고 싶은 순간, 어딘가 가고 싶은 순간, 오늘은 좀 다 던져놓고 자고 싶은 순간들을 계속 묵살해왔다면 더 이상 내 마음 안에 있는 자기는 요구 사항을 말하지 않을 가능성이 높아집니다.

실제로 상담할 때 많은 분이 엉엉 울곤 하는 포인트가 바로 이 지점이에요. 제가 이런 질문을 자주 하거든요.

"혹시 지금 뭘 하면 내 마음이 좀 편안해질 것 같으세요?"

"지금 진짜 내가 딱 한 가지만이라도 나를 위해 줄 수 있다면 뭘 하고 싶으세요?"

이런 질문들을 받으면 많은 분이 "모르겠어요", "글쎄요" 하다가 어느 순간 "저 너무 바보 같지 않나요? 이 나이 되도록 인생 허투루 산 것 같아요"라면서 자기를 질타합니다.

그럴 때 늘 말씀드리죠. 입을 닫아버린 아이와 다시 대화하려면 인내심을 가지고 계속 들어줘야 한다고요. 그리고 당신은 '내가 뭘 원하는지조차 모르는 바보'가 아니라 너무 오랫동안 주어진 역할에 최선을 다해 살아오느라 잠시 '역할 아닌 그냥 나'와 대화하는 방법을 잊어버린 것뿐이라고요.

여러분도 한번 페르소나로서의 나와 자기로서의 나를 분리해서 바라보는 시간을 가져보면 어떨까요. 자기로서의 내가 어떤 시간을 바라는지, 또 어떤 순간을 가지고 싶은지 물어보세요. 늘 페르소나 속에서 애쓰면서 살아왔다면 이 오프 먼트만큼은 자기로 존재하기 위해서 내가 나와 함께 있다는 감각을 지닌 채 계속 나에게 질문을 던져보는 겁니다.

처음엔 잘 대화가 되지 않을 수도 있지만, 꾸준히 시도하다 보면 내 안에 자기는 서서히 경계심을 내려놓고, 힘을 빼고, 솔직한 이야기를 들려주기 시작할 거예요.

"나, 사실은 이런 시간을 보내고 싶어."

오프 먼트를
재몰입의 시간으로

나에게 물어보는 과정이 쉽지 않게 느껴질 수도 있습니다. 오랫동안 자기의 요구를 묵살해 온 시간이 길고, 책임감이 강해 페르소나가 훨씬 더 힘이 셌던 분들이라면, 이 '나와의 소통 과정'은 오랜 끈기가 필요할 수 있어요.

그 과정이 아직은 어렵게 느껴져 엄두가 안 나는 분들, 책을 여기까지 읽고도 여전히 '나는 그냥 쉬는 건 불안해. 뭔가 뒤처지지 않을까 걱정돼서 못 하겠어' 이런 심리적 거부감이 있는 분들께는 다른 추가 제안을 드릴게요.

나의 오프 먼트를 그냥 쉬는 시간이 아니라, '재몰입에 투자하는 시간'으로 쓰는 겁니다. 재몰입이라는 건 간단하게 말해서 심리적 회복을 한 후 다시 원래 역할로 돌아가 더욱 몰입할 수 있게 되는 상태를 말합니다. 내가 쉬는 시간에 무엇을 할까 고를 때 단순히 체력 충전과 마음 회복이 아니라, 다시 일터나 역할로 돌아갔을 때 내 일에 도움이 될 만한 걸 골라서 하는 거죠.

이걸 조금 더 풀어서 설명하면 '능동적 회복을 통한 전이 활동'이라고 할 수 있는데요. 능동적 회복이라는 건 말 그대로 쉬긴 쉬는데, 가만히 쉬는 게 아니라 아주 저강도의 활동을 통해서 오히려 가만히 있을 때보다 피로를 줄이고 회복을 높이는 과정을 말합니다.

쉬운 예를 들면 스트레스, 번아웃, 트라우마 상태에 있는 사람에게 단순히 가만히 있기를 추천하기보다 명상이나 산책, 아주 가벼운 집안일 하기 정도를 추천하는 것, 재활 의료 분야에서 환자한테 무조건 침대에 누워 있기보다 아주 쉬운 수준의 재활 운동이라도 서서히 해나가길 권하는 것 이런 걸 말해요. 이럴수록 오히려 회복 속도가 좋아지는 겁니다.

마음도 마찬가지예요. 우리가 도저히 가만히 있기, 자연 바라보기, 산책하기, 내 마음에 말 걸기 같은 걸 하기 어렵고 시간이 낭비되는 것 같아 마음이 쓰인다면, 충분히 몰입할 수 있는 '어떤 행위' 하나를 골라서 해보는 겁니다.

대신 허투루 하지 말고 온전히 몰입하는 거예요. 그럼 이때의 몰입 경험이 일터나 나의 생활로 돌아갔을 때 전이 경험으로 이어지게 되는데요. 전이라는 건 쉽게 말해 한 가지 무언가를 배우면서 알게 된 노하우가 다른 영역에도 적용되는 것을 말합니다.

예를 들면 영어 공부를 마스터하면서 알게 된 언어의 원리를 또 다른 외국어를 배울 때 적용할 수 있게 된다거나 아니면 수학에서 배웠던 계산법이 많은 인원의 요리를 한꺼번에 할 때 재료량 계산하는 데 활용된다거나 하는, 이런 생각지 못하게 이어지는 효과를 말해요.

이렇게 뭐 하나를 골라서 하다 보면 '아, 나는 이런 것보다는 다른 걸 하는 게 맞겠네', '나는 몸을 움직이는 것보다 머리를 쓰는 취미가 잘 맞네' 이런 식으로 혼자서 곰곰이 자기 내면을 들여다볼 때 내가 뭘 하면서 쉬면 좋은지 생각이 잘 안 나는 분께는 힌트 수집의 효과가 있고요.

또 쉬는 것 자체에 죄책감이 너무 큰 분들껜 이건 '그냥 쉬는 게 아니라 본업으로 돌아갔을 때 역량 증대에도 도움이 되는 간접적인 자기 계발'로 느껴져 심리적 부담감이 줄어들 수 있을 겁니다. 저도 이렇게 재몰입 효과를 주는 활동을 하나 하고 있는데요. 바로 춤추기입니다.

춤을 처음 배우기 시작한 건 2022년 정도였던 것 같아요. 앞에서 말했던 그 불행의 쓰나미, 2021년이 지나가고 난 후였죠. 상대적으로 시간적 여유는 많아졌지만, 너무 많은 일을 겪다 보니 정신적으로는 살짝 탈진된 상태가 되었어요.

그러던 중에 Mnet 〈스트릿 우먼 파이터〉를 다시 보기 하다가 문득 떠올랐습니다. '아, 나 어린 시절에 아주 잠깐이지만 춤추는 사람이 되고 싶었지?' 재능도 전혀 없고, 또 아주아주 잠깐 스치듯이 지나갔던 장래 희망이라 기억도 나지 않았었다가, 스우파를 보면서 다시 떠오른 거예요.

아마도 초등학교 고학년 때쯤이나 중학교 1학년 때였던 걸로 기억하는데요. 당시에 〈힙합〉이라는 만화가 대유행이었어요. 힙합 뮤지션들에 관한 이야기는 아니고요. 힙합 댄서들에 관한 이야기였는데 당시의 헐렁한 힙합 바지 패션도 멋있었고, 그림 속에서나마 역동적으로 움직이는 댄서들은 더 멋졌어요. 딱 그 만화 전권을 정독하는 동안은 댄서가 되고 싶다고 생각했었죠.

그런데 37살의 내가 방송 댄스도 아닌 힙합 같은 스트릿 댄스를 배울 수 있는 곳이 있을까? 도저히 찾을 수가 없더라고요. 직장인들을 위해서는 대부분 방송 댄스 교실이 개설되어 있었고, 직장인이면서 스트릿 댄스를 배우는 분들은 이미 몇 년 이상 춤을 춰본 중급자 이상 분들이더라고요. 저처럼 완전 생초보인 사람이 처음부터 배울 수 있는 학원은 많지 않았어요. 특히나 서울에 사는 것도 아니었으니까요.

그때 정말 우연히 저의 춤 선생님인 정훈 씨를 만났습니다. 당시 한창 커리어가 성장하던 유망주 댄서 정훈 씨는 저와 같은 동네에 살고 있었고, 마침 군 전역 후 잠깐의 활동 공백기를 가지고 있던 시기였어요. 그 타이밍에 너무 운 좋게 연결이 된 거죠.

저는 물어봤습니다. 선생님께 꼭 춤을 배우고 싶은데 혼자서 배울 순 없겠냐고요. 선생님이 저에게 되묻더군요.

"그런데 왜 그렇게까지 춤을 배우고 싶으신 거예요? 지금 와서 직업으로 삼으려 도전하시는 건 아닐 테고, 어떤 목표가 있나요?"

"글쎄요. 목표랄 건 없지만 바람이랄 게 있어요."

"그게 뭔가요, 재열 씨?"

"그냥… 제 인생의 낙이 하나 생겼으면 좋겠어요. 아주 어린 시절에 잠깐 춤을 춰보고 싶었긴 했지만 그 이유 때문에 이렇게 꼭 배우고 싶은 마음이 든 건 아닌 거 같고… 뭐랄까… 삶의 즐거움이 하나도 없는 것 같다는 생각이 요즘 들어서요. 빈 시간이 주어져도 뭘 해야 할지도 모르겠고 나는 이걸 하면 즐겁다 싶은 게 하나도 없이 40살을 향해 가고 있더라고요."

제 솔직한 고백이 선생님에게는 꽤 먹먹하게 들렸나 봐요.

전역 후 다시 댄서로 복귀해서 유명 가수들의 콘서트 월드 투어를 함께 다니고, 또 수많은 레슨을 소화해야 하는 상황 속에서도, 그는 어떻게든 시간을 내서 저와 수업을 함께 해주었답니다. 그러나 바쁜 가운데서도 저를 위해 시간을 내주는 정훈 선생님 보기 민망할 정도로 저의 실력은 제자리였어요.

나이도 많았거니와 고질병인 허리 디스크까지 있다 보니 조금만 새로운 동작을 배워도 '아야! 아파요. 선생님 저 잠깐 앉아야 할 거 같아요'라며 주저앉기 일쑤였고, 지난주에 배웠던 걸 분명 연습한 것 같은데 이번 주가 되면 못하겠고…. 참 내 맘 같지 않더라고요.

'나이가 들어 몸이 굳는다는 게 이런 건가. 선생님은 얼마나 답답할까. 즐거워지고 싶어 배우는 건데 왜 안 즐겁지?'

여러 가지 생각들이 꼬리에 꼬리를 물면서, 점점 더 집에서 혼자 복습하는 시간이 늘어만 갔어요.

그런데 어느 날, 선생님이 진지하게 저한테 이런 말씀을 하시더라고요.

"재열 씨, 잠깐 앉아보세요."

"예?"

혹시라도 "죄송하지만, 저는 이제 너무 바빠져서 더 이상 레슨을 할 수 없을 것 같다"라는 얘기를 꺼내실까 봐 조마조마했답니다. 그런데 선생님은 뜻밖의 이야기를 했어요.

"제가 오늘 불을 끌 거예요. 그리고 1번도 못 들어보셨던 아무 음악이나 틀어드릴 거고요. 저는 연습실 밖으로 나가 있을 거예요. 재열 씨는 그냥 음악을 듣고 아무렇게나 느끼시는 대로 움직이셔도 돼요. 저 신경 쓰지 마시고, 어차피 불 꺼져 있으니까 어두워서 자기 자신도 안 보일 거고요."

"이걸 왜 하는 거죠?"

"재열 씨가 음악을 듣고 느끼고 몰입하는 경험을 한 번 하셨으면 좋겠어요. 재열 씨는 분명 늦은 나이에 시작한 학생이라 신체적으로 더디고, 기술적으로 부족함이 있는 건 사실이지만 대신에 다른 사람들의 속마음을 들여다보고, 그걸 글로 표현하는 분이니까 감정으로 느끼는 감각만큼은 분명히 있을 거라고 저는 생각하거든요. 재열 씨가 춤을 배우고 싶은 건 테크니션이 되고 싶어서가 아니잖아요. 정말 내 안의 즐거움을 찾고 싶은 건데, 계속 기술들을 배워나가면서 오히려 너무 애쓰느라 즐기지 못하는 것 같아요."

낯선 음악과 함께 선생님이 저 멀리 사라져 버린 그 깜깜한 어둠. '나 아무것도 못 하는데. 나 안 배운 음악 나오면 할 줄 모르는데. 나 이런 거 못 하는데…'라는 생각이 저의 숨통을 꽉 막히게 했지만 이내 이런 생각도 들더군요. '어두우니까 뭐 안 보이겠지? 선생님이 안 보시니까 다행이야. 에라 모르겠다. 선생님 성격상 내가 못 한다고 빼도 끝까지 하게 시킬 것 같은데, 일단 뭐라도 해야 집에 보내주겠다.'

그렇게 마음을 비운 채 허우적거리며 제 마음대로 움직이기 시작한 지 5분이 흘렀어요.

음악이 끝난 뒤 다시 현실로 돌아온 저는 조마조마하며 살며시 눈을 떴어요. 선생님 반응이 너무 걱정되는 거예요. 그런데 이게 웬걸? 선생님은 동공이 엄청 크게 벌어져 있었어요. 무언가에 놀라셨더라고요. 저 놀랍다는 표정은 뭘까? 나 그 정도로 못했나?

긴장하면서 선생님의 눈을 한동안 쳐다보고 있었죠. 선생님은 계속 '와', '이야', '허허' 이런 추임새를 넣으며 말을 아끼다가 한참 만에 이야기하시더라고요.

"역시 제 예상이 맞았어요. 감정을 표현하는 게 진짜 너무 훌륭해요. 저 너무 놀랐어요. 물론 춤이라는 것은 기술적인 영역과 신체 능력도 너무너무 중요하고 재열 씨는 그 부분에서 많이 모자란 게 맞아요. 한계도 있고요. 하지만 춤이라는 게 결국은 표현의 한 영역이란 말이죠. 그래서 내가 지금 어떤 것을 느끼고, 어떤 것들을 말하고 싶은지 기술적으로 모자라도 충분히 감정을 담으면 좋은 춤이 될 수 있거든요. 재열 씨는 수많은 사람의 이야기를 들어온 분이니까 분명히 내면에 엄청 많은 감정이 있을 거라고 생각했는데, 이거였네요. 재열 씨는 앞으로도 더 뭔가 자세를 배워서 익히고 능숙해지는 게 아니라 자유롭게 움직이고 싶은 대로 춤을 추는 게 맞겠어요."

그러고 나서 선생님이 내준 숙제는 정말 간단했어요. 그냥 너무 심심할 때 또는 스트레스가 많을 때 집 안에 불을 다 꺼놓고 아무 음악이나 틀어두고, 아무도 보지 않는다고 생각하며 마음껏 움직여보는 거였지요. 아마 그러다 보면 생각지도 못한 동작들이 나올 거래요. 그러고 보니 선생님이 저 몰래 동영상도 찍으셨더라고요.

그 영상 속에 있는 저를 보는데 저도 깜짝 놀란 건 '어? 나 원래 이 동작 못 하는데'라고 생각했던 것들이 마구 섞여 있다는 거였어요. "선생님, 저 허리 디스크 때문에 그 자세는 하면 허리가 너무 많이 아파요. 선생님 저 다리가 거기까지는 안 올라가요"라고 말하던 동작을 제가 막 하고 있는 거예요.

"재열 씨, 이거 보세요. 내려놓고 힘 다 빼고, 의식하지 않으니까 이런 동작들 다 하실 수 있잖아요. 오히려 거울도 안 보고, 저를 따라 하지도 않고, 제 눈치를 보지 않으니까 진짜 무언가가 나오네요."

그러고 나서 저에게 생일 선물이라며 LP 턴테이블 하나를 건넸습니다.

"선생님 이건 뭐예요?"

"선물인데요. 처음 저에게 연락하셨을 때 인생에 낙이 없다는 말씀을 하셨잖아요. 그게 늘 마음에 걸렸었어요. 춤도 꼭 인생에 낙이 되셨으면 좋겠고, 기왕이면 낙이 하나인 것보단 두 개인 게 좋잖아요. 1개 더 생기셨으면 좋겠어요. LP판으로 음악 듣는 게 꽤 좋은 취미가 된다네요. 턴테이블도 하나 생기셨으니 LP판 수집하는 걸 취미 삼아서 인생의 낙을 하나씩 늘려가 보셨으면 어떨까 싶어서 드리는 거예요."

그 마음이 무척 고마워서 그날부터 저는 선생님이 준 턴테이블 위에 아무 LP판이나 하나 꽂아두고 마음이 내킬 때마다 몸이 움직이는 대로 춤을 추기 시작했습니다. 사실 이 꼭지를 쓰다 보니 2년 전 마지막으로 헤어진 정훈 선생님과 그날의 경험이 떠올라서 잠시 멈춰놓고 불을 끈 채 또 제 마음 가는 대로 춤을 한바탕 추고 다시 글을 쓰러 앉았답니다.

지금도 여전히 춤을 잘 못 춰요. 동작은 어색하고 허접하고 허우적거립니다. 그렇지만 저에게는 잘해야 한다는 강박 없이 자유롭게 움직이며 몰입하는 그 하나로도 정말 큰 회복의 시간이 되더라고요.

나아가, 힘을 빼고 잘해야 한다는 강박을 내려놓는 순간 한계를 넘어설 수 있었다는 깨달음은 일터로 돌아와서도 오랫동안 전이의 경험이 되어서 저에게 영향을 주고 있답니다.

이렇게 무언가 내가 하는 일과 전혀 관련 없던 것 하나에 온전히 몰입하고 그 안에서 충분히 시간을 보내다 보면, 생각지 못한 깨달음이나 시선의 확장을 얻기도 해요. 이것이 바로 제가 앞서 말했던 능동적 휴식을 통한 전이 활동의 대표적인 예시가 될 수 있겠죠.

이렇게 나에게 여가이자 휴식인 활동들이라고 해서 비생산적인 것이 아님을, 오히려 충분하게 몰입하면 느끼는 바가 생기고 그것이 나의 관점과 태도에 성장을 가져다주는 생산적인 재몰입임을 여러분도 꼭 느끼실 수 있을 거예요.

다만 저의 춤 경험처럼 이런 신체적 활동을 하는 게 익숙하지 않거나 그럴 시간적 여유가 없는 분들께는 2가지를 추천해 드리고 싶어요.

1번째는 **핍진성이 높은 책을 읽는 건데요.** '핍진성'이라는 단어는 소설이나 영화 등 창작물이 얼마나 '진짜처럼' 느껴지게 잘 묘사했는가를 말해요.

즉, 핍진성이 좋은 책이라는 건 인물의 묘사라던가 이야기의 전개가 매우 사실적으로 잘 그려져서 마치 현실에서 있을 법한 이야기 또는 현실의 이야기를 다큐멘터리로 담은 것처럼 생생하게 느껴지는 감각을 말하죠. 이런 종류의 책을 읽는 것이 재몰입에 도움이 되는 이유는 아주 직관적으로 나의 삶에 영향을 주는 인사이트로 전환되기 때문입니다.

추상성이 높은 작품들이 가진 장점들도 있지만요. 일단 추상은 뇌의 활동을 너무 많이 필요로 합니다. 지금 말하는 건 휴식적인 관점의 독서니까요. 우리가 충분한 휴식을 취할 수 있는 시간적·공간적 여유가 없을 때, 휴식이나 여행, 혹은 마음을 다룬 책을 읽는 것은 큰 도움이 됩니다.

단, 그 책이 추상적이지 않고, 현실감을 잘 살린 핍진성 높은 이야기 중심일 때 더욱 그렇습니다.

이럴 경우 우리는 간접적으로 여행을 하거나 마음 치유의 여정을 떠난 것과 같은 간접 경험을 할 수 있습니다. 핍진성이 높을수록 마치 내가 그곳에 있었던 것 같은 감각이 생생해지기에 '직접 경험 같은 간접 경험'을 할 확률이 높아지는 겁니다. 책을 몇 권 추천해 볼까요?

핍진성이 강한 추천 도서
《꾸뻬씨의 행복여행》 (프랑수아 를로르)

《여행과 독서》 (잔훙즈)

《나를 치유하는 마음 여행》 (서광)

《여행을 대신해 드립니다》 (하라다 마하)

한국과 일본 그리고 중화권과 서구권에 이르기까지 1권씩 뽑아봤습니다. 모두 생생하게 느껴질 법한 문체로 쓰여 있어 마치 내가 그곳에 가 있는 듯한 기분이 들 거예요.

단순히 여행 기분만 내는 게 아니라, 책 속 내용이 깊이 있어서 내가 다시 일터나 삶의 현장으로 돌아갔을 때 무언가 적용할 수 있는 깨달음을 하나씩 안겨줄 수 있는 그런 책들이에요. 휴식이자 또 다른 재몰입이 될 수 있는 책이죠.

그리고 또 하나 추천하고 싶은 건 눈 뜨고 하는 명상인 **'시선 멈춤 명상'**입니다. 저는 명상이야말로 우리가 목표로 하는 태도, '내려놓음과 그로 인한 이완 상태'를 만들어주는 가장 핵심적인 방법, 꽃 중의 꽃이라고 생각하거든요.

그런데 이 명상이 참 어렵습니다. 정확히는 어렵게 느껴집니다. 왜냐하면 우리가 생각하는 명상은 불교의 참선 수행 이미지와 너무 뒤섞여 있기 때문입니다. 왠지 반드시 눈을 감아야 할 것 같고, 고요한 공간에서 해야 할 것 같고, 최소한 요가 매트라도 깔고 흔들림 없는 정자세로 앉아서 해야 할 것만 같거든요.

그러다 보니 충분한 시간 여유를 낼 수 있을 때, 가족들 없을 때 혼자서, 어딘가에 잘 차려진 곳에 가야지만, 할 수 있을 것 같다는 생각을 하게 됩니다.

아! 그리고 잡생각을 없애야 한다는 오해도 큰 진입 장벽이 되더라고요. 명상을 잘하려면 마음을 비워야 하는 거니까, 아무 생각도 하지 말아야 한다. 생각이 나면 명상 잘못한 거다. 그런 생각을 하는 분들이 정말 많았어요.

하지만 생각이란 건 사라지지 않습니다. 명상은 오히려 머릿속에 떠오르는 생각들을 알아차리고 그냥 흘려보내는 연습에 가까워요. 그러니까 쉽게 말해서 명상 중에 잡생각이 드는 건 실패가 아니라 성공을 위한 재료들인 거죠.

생각이 드는 순간마다 '생각이 떠올랐구나' 알아차린 다음에 그 친구를 옆으로 쓱 밀어버리는 게 명상적 사고의 핵심입니다.

아무 생각이 안 나는 것만이 성공이 아니라 생각이 떠올라도 덤덤하게 반응해 주는 것 또한 명상의 진짜 성공이죠.

그렇다면 명상할 때 잡생각이 나도 괜찮다는 것도 알겠고, 명상이 내려놓음에 좋다는 것도 알겠는데 눈을 뜨고 하는 명상을 추천하는 이유는 뭘까요?

초심자가 가장 습관을 들이기 좋아서예요. 명상을 하다 보면 자신의 감정, 감각, 생각을 직면하게 되는 경우가 생기거든요. 그런데 만약에 생각지 못하게 내면 깊숙한 상처나 기억들이 떠오르면 그 자체가 무척 불편하거나 두려운 경험이 될 수 있어요.

하지만 눈을 뜨고, 짧은 시간 하면 거기까지는 가지 않고 부담스럽지 않을 정도로만, 점차 서서히 익숙해지게 됩니다. 그리고 일단 무엇보다, 눈을 감지 않아도 되면 어디서든 할 수 있잖아요. 그게 굉장히 큰 이점이거든요.

제가 너무 답답할 때마다 불 꺼놓고 그냥 춤을 한 번 확 춘 다음 다시 일상으로 돌아가듯이 여러분도 눈 뜨고 하는 명상에 익숙해지면 대중교통을 이용하는 중이든, 사무실에서든 너무 답답할 때 어디에서나 잠깐 꺼내어서 사용할 수 있게 됩니다.

시선 멈춤 명상은 아주 간단해요.

시선 멈춤 명상 활용법
- 일단 시선을 고정할 대상 하나를 찾습니다.
  책상 위에 놓인 커피잔도 좋고 벽에 걸린 그림이나 길가의 나무 또는 대중교통을 탄 상태라면 출입문도 괜찮아요.

- 그 대상을 그냥 편안하게 멍때리듯 바라보는 거예요.
  눈을 너무 부릅뜨지는 말고요.

- 아무것도 하지 않고 1분 동안 쳐다만 봅니다.
  머릿속에 생각이 떠올라도 괜찮아요. 그냥 생각이 떠오르면 '아, 생각이 났네' 하고 다시 그 대상을 쳐다보는 데에 시선을 돌리면 됩니다.
  여기서 1가지 더 나아간다면, 그렇게 멍하게 쳐다보면서 내 코의 들숨날숨을 느끼는 거예요. '어, 내가 숨 쉬고 있다'는 정도만 알아차리면 플러스 알파죠.

이 시선 멈춤 명상은 즉각적으로 내 마음을 진정시켜 주는 효과, 그리고 제 친구 지민이가 말했던 것처럼 '미시적인 시각' 즉 너무 미래까지 생각하느라고 진을 다 빼버리곤 하던 나를 지금 여기에 이 순간으로 다시 데려옴으로써 너무 많은 생각을 멈추게 해주는 훈련이 되고요.

눈을 감지 않아도 되는 데다가 서든 앉아서든 누워서든 어떤 자세에서든 할 수 있어서, 즉시 할 수 있습니다. 정말 숨 막히게 스트레스를 받거나 불안한 상태가 올라왔다면 잠깐 회사 화장실에 들어가서 화장실 휴지를 1분간 바라보고 나오는 것조차도 괜찮은 거예요.

책의 앞부분에서 제가 이런 말을 했죠.

"내려놓음을 경험하는 것은 내 삶에 선택지 하나를 더 가지는 것, 그래서 내가 처한 상황에서 애씀과 내려놓음 중 어떤 것을 쓸지 고를 수 있는, 일종의 내 삶의 주도성을 찾아가는 과정"이라고요.

내가 내려놓을 수 있는 방법과 도구들을 충분히 알고 있다면 선택적으로 사용하기만 하면 돼요. 단 그것이 우리가 훨씬 더 오랫동안 써왔던 방법인 애쓰고 나를 갈아 넣는 것들에 비해 익숙지 않기 때문에 연습하는 거죠.

 3단계를 거쳐서 매일매일 시간을 정하고, 그 시간은 꼭 지켜서 쉬고, 최소한 66일 동안은 꾸준히 해보는 겁니다. 그 과정들을 충분히 거치고 나면 매일 꼭 강박적으로 하지 않아도 돼요. 습관이 되고 몸이 기억하니까요.

 그러면 이렇게 숨이 턱까지 올라오거나 너무 나 자신이 힘겨워한다는 걸 알아차린 순간에 "어? 살짝 내려놔야겠다"라는 결심과 "무엇으로 나를 내려놓고 이완시킬까?"에 대한 답이 오래 고민하지 않아도 자연스레 떠오를 거예요.

시선 멈춤 명상 일지 양식

성찰형 간단 일지

날짜 및 요일

시간대

시선 고정 대상

명상 전 내 마음 상태 (한 줄 표현 혹은 아래 선택)
☐ 편안함 ☐ 불안 ☐ 안정감 ☐ 지루함 ☐ 차분함 ☐ 기타
(직접 기재: _____)

명상 후 내 마음 상태 (한 줄 표현)
☐ 편안함 ☐ 불안 ☐ 안정감 ☐ 지루함 ☐ 차분함 ☐ 기타
(직접 기재: _____)

오늘의 작은 깨달음이나 발견

내일 좀 더 시도해 보고 싶은 부분이나 변화

내려놓음이 죽어도 안 될 땐, 스케줄로 인식하기

저와 함께하는 마음의 산책길도 이제 막바지에 다다랐습니다. 제가 여러분께 드리고 싶은 마지막 팁 1가지는요. **내려놓음이 죽어라 안 될 땐 그냥 스케줄로 인식하기입니다.**

내려놓고 나를 이완시키는 행위들은 아무리 제가 설명해도 무의식중에 '덜 중요한 것', 여가 생활, 시간 날 때 하는 것으로 느껴질 수밖에 없습니다.

그것은 우리의 잘못이 아니라 한국 사회의 집단적인 사고방식과 우리의 성장 배경, 지금 느끼는 심리적인 요인이 모두 복합적으로 작용한 결과예요.

그러니 이 책을 다 읽고 "그래, 나를 좀 내려놓고 이완시키자" 결심하고도 막상 실천하려다 "나 이래도 되나?" 죄책감이 들 수 있고요. 그런 내 모습을 발견하더라도 "나 또 이러네. 책 읽고도 변하지 않네. 난 도대체 왜 이러지" 이런 또 다른 죄책감으로 뻗어나갈 필요는 없다는 겁니다.

내가 못나거나 한심해서가 아니라 노력 만능주의, 무한 경쟁 구조인 이 사회의 영향이 더 크니까요.

미국의 심리학자 레온 페스팅거는 인지 부조화 이론이라는 걸 말한 적이 있는데요. 사람들이 자신의 행동과 신념 사이에 불일치가 있을 때 심리적인 불편함을 느껴서 계속 이것을 해소하려고 노력한다는 거예요.

우리가 사는 한국에서는 '열심히 일해야 한다', '성실이 최고다'라는 규범이 강하게 내면화되어 있기에 착한 사람, 바른 사람으로 자라온 사람일수록 휴식을 취할 때 우리 안에 내재된 규범과 불일치하는 것처럼 느껴지면서 죄책감을 느끼기 쉬워진다는 겁니다.

제가 이 책을 쓰게 된 계기이자 가장 큰 이유이기도 해요. 그토록 성과와 생산성이 중요하고 무언가 해내거나 증명하는 게 중요하다면 오히려 그것 때문에라도 더 우리는 오프 먼트를 만들어야 합니다.

"너는 있는 그대로 소중해", "너는 사랑받아 마땅한 존재야", "네가 무언가를 이뤄내지 않아도 괜찮아" 그런 위로의 말이 아니라요.

이뤄내고 싶어요?
그럼 쉬어야 해요.

더 잘하고 싶다고요?
쉬어야 한다고요.
사람들에게 당신의 능력을 가치를 증명하고 싶어요?
그럼 쉬는 게 전략이에요.

저는 이 책에서 바로 이 말까지도 포함하고 싶었던 거예요. 물론 내가 이완하고 나를 내려놓는 건 이런 기능적 측면만이 아니라 제가 앞서 말했던 영화 〈원더풀 라이프〉의 한 장면처럼 내 삶을 조금 더 풍성하고 내가 나를 데리고 잘 살아가며 충만한 순간들을 더 많이 만들자는 의미도 있습니다.

그런 경험이 계속되다 보면 어느새 나라는 사람이 타인에게도 관대해지고, 나 자신에게도 관대해지고, 느낄 수 있는 삶의 감각들도 조금 더 다양해지면서 '아, 사는 거 참 괜찮은 거네' 그런 마음으로 서서히 변화해 가기 때문이지요.

진정한 의미의 잘 사는 삶이란, 이런 거 아닐까요? '아, 인생은 좀 살 만하네'라고 느끼는 순간이 문득문득 더 많아지는 것, '야, 오늘 너무 좋다'라고 말할 수 있는 장면이 더 많아지는 것. 그것은 어쩌면 나를 데리고 살아가는 나에게 가장 중요한 목표이자 책무일지도 모릅니다.

지금까지 일 스케줄을 미루지 않고 해야 할 일 열심히 하는 성실한 페르소나로 살아왔다면 이제 쉼 스케줄도 미루지 않는 성실한 자기로도 살아갔으면 좋겠어요.

하루에 단 몇 분 내려놓고 모든 것으로부터 오프 한다고 해서 천재지변 같은 일은 일어나지 않습니다. 그 정도는 쉬어도 되고, 멍때려도 되어요. 어떻게든 되더라고요.

그러니 내려놓아 보세요. 오히려 잠깐씩 내려놓고 멈추고 일에서 멀어져 나를 재충전시키고 나면, 내일의 나는 조금 더 똑똑해집니다. 조금 더 창의적으로 됩니다. 그렇게 내일 조금 더 인지 능력이 개선된 내가 닥친 문제를 풀도록 하는 게 오늘 밤새고 울며불며 붙잡고 있는 것보다 훨씬 더 나을 수도 있습니다.

새벽 1시, 2시까지 일을 손에서 놓지 못하다 심야 택시를 타고선 눈물로 퇴근하는 수인이보다, 일단 내일 생각하자며 일찍 퇴근하고 제시간에 잠들어서 조금이나마 말짱해진 채로 다시 일터로 향하는 수인이가 훨씬 나은 커리어를 기대할 수 있고, 심지어 가족도 자기 자신도 더 풍성하게 챙길 수 있게 된 것처럼 말이죠.

그래서 이 책의 마지막은 조금 특별하게 준비해 봤어요.

이 책의 가장 핵심 출연자이자, 1번째 독자가 되어준 수인이가 직접 여러분께 편지를 썼어요. 그녀 자신은 이 책의 내용들을 평소 실천하면서 어떤 것들을 느꼈고, 어떻게 달라졌으며, 또 지금은 어떻게 살아가고 있을까요?

여러분보다 조금 먼저 이 책을 읽고 실천으로 옮겨본 앞선 경험자로서 여러분께 생생하게 자신의 후일담을 전해드릴 겁니다. 아마 제가 하는 말과는 또 다른, 경험에서 우러난 메시지가 전해질 거라고 생각해요.

자, 그럼 그녀에게 저는 대망의 마지막 편지를 부탁하면서 에필로그로 돌아오겠습니다.

오프 먼트를 가장 먼저 경험한 첫 독자의 편지

"여러분의 일상이 조금은 편안해지기를"

안녕하세요. 저는 이 책을 담당한 편집자이자, 이 책의 1번째 독자이기도 한 양수인입니다. 그동안 여러 책을 만들면서 '이 책을 어떤 분들이 볼까?' 참 많이 상상했었는데요. 이번 책은 특히나 저와 비슷한 상황에 놓인 분들이 보시지 않을까, 생각하니 더욱 마음이 쓰였던 것 같아요. 잘하고 싶은 마음과 내 맘대로 되지 않는 현실 사이에서 속앓이하는 게 얼마나 괴로운지 아니까요.

저 역시 완전히 그러한 마음에서 자유로워졌다고 말하기는 어렵지만, 이 책을 만나기 이전과는 확실히 달라진 지점이 있습니다. 그 이야기를 조금 들려드릴까 싶어요.

작가님과 이 책에 관해 이야기할 때, 작가님께서 제게 처음부터 마감하기 직전까지 일관되게 강조하셨던 말이 하나 있었어요.

"이 책을 만드는 동안 정말로 네가 편안해졌으면 좋겠어."

그런데 저는 그게 너무 어렵더라고요. 본격적으로 작업을 시작하게 된 시점에 물리적으로도 수행해야 할 다른 일이 많기도 했지만, 이 작업을 하기까지 10년이라는, 꽤 오랜 시간이 걸린 만큼 잘하고 싶었거든요. 그래서 "야근하지 말고, 조바심 내지 말고, 잘 쉬면서, 너부터 잘 내려놓으면서 편안하게 작업했으면 좋겠다, 그래야 독자들도 편안히 읽을 수 있다"라는 작가님의 당부가 무슨 말인지 너무 알겠으면서도 잘되지 않았던 것 같아요. 그런 욕심에 비해 실제로 작업하는 과정 중 미흡한 점들이 있어서 '아, 그동안 열심히 해왔던 것 같은데 썩 신뢰할 만한 실력은 없구나' 하는 자책도 꽤 했고요.

하지만 편집자로, 1명의 독자로, 작가님의 파트너로 이 레이스를 완주하려면 그 마음에서 빨리 벗어나는 게 중요했어요. 그래서 마음을 편안하게 하려면 뭘 해야 할까? 제가 할 수 있는 방법들을 찾아보려 했던 것 같아요. 그중 하나가 점심시간을 이용해 선정릉 걷기였어요. 작가님과 미팅하던 날, 맨손으로 산책했던 경험이 너무 좋았거든요. 제가 다니는 회사는 선릉역 근처에 있어서 마음만 먹으면 선정릉에 갈 수 있다는 게 큰 장점인데, 그걸 활용해 보기로 한 거죠.

그렇게 결심한 날부터 점심시간에만 갈 수 있는 시간제 관람권을 끊어서 간단히 점심을 먹고 숲속으로 들어갔습니다. 처음에는 일단 들어갔지만 계속 휴대폰으로 업무 처리하고, 통화하고, 평소와 똑같이 행동했던 것 같아요. 그러다가 그다음 번에는 휴대폰은 들고 가되 통화는 하지 않는다거나, 또 그다음 번에는 메신저는 보지 않으며 업무와 분리해 보려 했고요. 이제는 휴대폰은 들고 가지만 뒷짐을 진 채 푸른 나무와 파란 하늘을 봅니다. 맨손 산책까지는 못해도 이만하면 제게는 정말 큰 변화인 것 같아요.

이 편지를 쓰는 날도 선정릉에 다녀왔는데요. 선선한 바람으로, 짙푸른 나뭇잎의 색으로, 땅에 떨어진 채 익지 않은 도토리 뭉치로 가을이 왔음을 실감했습니다. 하늘을 제대로 쳐다보지 않았던 날도 많았는데, 계절의 변화를 놓치지 않고 느낄 수 있다는 것만으로도 제게는 말할 수 없는 안정감 같은 것이 생겼습니다. 말하자면 상황에 휩쓸리지 않고, 내가 내 의지대로 살아내고 있다는 확신. 그 확신이 주는 안정감 같은 것이요.

상황에 휩쓸리는 마음일 때는 모든 일에 조급해졌습니다. 조급할수록 실수는 많아졌고요. 그런데 그 마음에서 벗어나 조금은 안정적인 마음 상태가 되니, 혹시 놓친 게 없는지 다시 한번 살피게 되고, 당장 처리하지 않아도 걱정만큼 큰일은 일어나지 않는다는 사실을 확인하면서 실수는 줄어들더라고요. 또 집중해서 일도 잘 챙길 수 있게 되었고요.

그런 변화 덕분에 작가님이 말씀하신 '조금은 내려놓고 마음이 편해진다는 것'이 무엇인지, 그렇게 잠깐 멈춤의 시간을 갖는 게 오히려 재몰입에 더 도움이 된다는 게 어떤 의미인지 어렴풋이 알 것 같았습니다. 또 그 숲속을 걸으면서 비단 이 작업뿐만 아니라 "나는 무엇을 위해 애쓰고 있을까?", "나는 왜 그렇게까지 애쓰고 있을까?" 지금까지 열심히 하는 방식으로만 모든 일을 대처해 오던 저의 태도에 관해서도 자문자답을 많이 하게 됐고요.

넓고 깊은 관심사에 꼼꼼하고 뭐든 척척 잘하는 선배들을 보면서, 편집자가 책 1권을 만들기까지 수행해야 하는 수많은 과정을 지켜보고 겪으면서, '아, 난 직업을 잘못 선택한 걸까?' 스스로 편집자의 자질을 수년간 끊임없이 의심했었습니다. 그때 한 선배님이 제게 그런 이야기를 하셨어요. "모든 과정을 다 잘하면 좋겠지만, 그건 욕심이다. 편집자가 하는 수많은 과정 중에 네가 정말 잘하는 게 1~2가지만 있어도 성공이다." 그 말에 기대서 신입 시절 한 몇 년은 엉덩이를 오래 붙이고 앉아서 정말 꼼꼼하게 교정을 보는 일에 집중했었어요. 그건 성실함만 있으면 해낼 수 있는 일이라고 믿었거든요. 실제로 그 일이 숙달되었을 때 자신감이 조금 생겼고, 연차가 쌓일수록 다른 능력이 필요해졌을 때 똑같이 엉덩이를 오래 붙이고 앉아서 그 일을 잘할 때까지 버텼던 것 같아요.

왜 그렇게까지 했을까. 생각해 보면 함께 일하는 사람들에게 피해를 주지 않고 인정받고 싶은 마음도 있었겠지만, 사실 '자질이 없는 게 아닐까?'라고 의심하는 저 자신에게 가장 인정받고 싶었던 것 같아요. 누구보다 저에게 증명해 보이고 싶었던 것 같습니다. 왜냐하면 전 지금도 제가 썩 괜찮은 편집자인지는 잘 모르겠거든요. 그런데 여전히 책은 오랫동안, 잘 만들고 싶습니다. 무엇을 위해, 왜 그렇게까지 애쓰냐는 질문에 대해 지난 몇 달 동안 제가 찾은 답은 이거였던 것 같아요.

'뭘 위해서 이렇게 사는가?'라는 질문 자체를 안 하고 살았던 지난 몇 년간의 생활을 떠올려봤을 때, 내가 지금 뭘 위해 살고 있고 제대로 가고 있는지를 물으면서 살게 되었다는 건 제게는 인생의 전환점 같은 것일지도 모르겠습니다. 이 책이 제게는 그런 의미예요.

저는 평범한 사람이니 언제 또 다른 불안에 휩싸여 습관처럼 하드 워킹을 하는 삶으로 돌아가게 될지도 모르겠어요. 하지만 이 책이 제 곁에서 좋은 길잡이가 되어줄 것이라 믿습니다. 길을 잃지 않고 마음은 단단해진 채로 좋은 책을 만드는 편집자로, 사랑이 많은 두 아이의 엄마로, 불안할지언정 그 마음에 지지 않는 한 사람으로, 오래오래 제 길을 걸어가 보겠습니다.

여러분께도 이 책이 고단하고 불안한 순간, 등을 다독여주며 응원해 주고, 그 순간에서 벗어날 수 있게 좋은 질문도 던져주는, 그런 친구 같은 존재이길 바랍니다. 그 친구와 손을 맞잡고 원하시는 목표를 향해 조금 더 즐겁고 편안한 마음으로 나아가시길!

수인 외에도 다른 출연자들의 근황이 궁금하시다면?
책을 덮지 말고 에필로그까지 함께해 주세요!

에필로그

애쓰며 살아온 순간,
내려놓으며 살아갈 순간,
그 모든 순간을 거쳐
당신이 꼭 만날 순간

늘 그래왔듯, 이번 책도 에필로그는 질의응답 형태로 준비했답니다. 책이라는 매개를 통한 만남이지만, 전 원고를 쓰는 내내, 이 책을 보게 될 여러분과 마치 실제로 만나 대화한다고 생각하고는 해요. 말과 글의 경계가 별로 없는 사람이랄까요? 분명 여러분이 제게 궁금한 것도 있을 거고, 또 책 바깥의 궁금증도 있을 거라는 생각이 들어요.

그래서 질문 리퀘스트를 받았답니다. 많은 분이 궁금해하실 법한 질문들로 뽑아서 인터뷰 형태로 정리했어요. 꼭 들려드리고픈 이야기를 위주로 담았으니, 마지막 질문까지 읽어봐 주세요!

자, 시작해 볼까요?

Q1. 이번 책을 쓰게 된 결정적인 계기는 무엇인가요?

정말 제 표정이 편해졌다는 이야기를 자주 들으면서 '내가 어떻게 이렇게 변했지?'라고 생각하기 시작했어요. 제 안에서 어느 정도 분석과 정리가 끝났을 때쯤, 수인이를 보면서 '저 친구를 돕고 싶다'라는 마음이 들었답니다. 처음에는 그저 수인이에게 이것저것 제 노하우를 알려주고 싶었는데, 곰곰이 생각해 보니 저 친구 하나만 저런 상황일까? 싶더라고요. 수인이와 비슷한 모습으로 살아가는 많은 사람이 있겠구나 싶어서 책을 쓰게 되었답니다. 사실 그런 갈증은 《마이크로 리추얼》이나 《리커넥트》를 쓰는 내내 제 안에 있었습니다.

Q2. 어떤 갈증이요?

아무래도 제 책은 '이미 마음이 힘든 상태인 사람' 위주로 읽히는 경향이 있었거든요. 그런데 저는 사실 그보다 앞 단계에서, 그러니까 '마음이 힘든 상태'로 가기 전에 그러한 상황을 예방하고 싶은 사람이에요. 강연장에서 늘 솔직하게 말하지만, 상담가의 실력이 1부터 10까지 있다면 저는 5정도라고 생각합니다. 누군가를 치유하고 회복시키는 건 저보다 훨씬 뛰어난 선생님들이 많이 계세요. 하지만 저에게 주어진 재능은 좀 더 쉽게, 와닿는 '표현'으로 사람들에게 '널리 전하는 힘'이라고 생각해요. 그래서 심각하게 아픈 사람을 치유할 실력은 못 되지만, 대신 평범한 오늘을 살아가는 '많은' 사람이 이런 상황을 예방하도록 돕는 사람이라고 저 자신을 정의한답니다. 다만 어떤 말을 전할지, 어떤 주제로 책을 쓸지가 늘 막막했는데 이번에는 운 좋게도 이렇게 풀어낼 수 있었고, 그래서 참 기뻤습니다.

Q3. 이 책을 쓰면서 작가님은 정말 내려놓고 썼나요? 책을 쓰는 과정이 이전과 달랐는지 궁금해요.

이번 책을 쓰는 동안 재미있는 에피소드가 하나 있었어요. 저는 강연이나 방송 등 외부 활동이 많다 보니 책을 쓸 때면 해외나 지방으로 가서 스스로 고립시킨 다음, 집필합니다. 제 글은 하나의 흐름으로 쭉 이어지는 편이라 다른 작가님들처럼 틈날 때마다 칼럼처럼 토막 글을 쓰기가 어렵거든요. 그래서 보통은 6달 정도 구상하고, 머릿속으로 정리하는 데 3달 정도 더 쓰고, 실제 노트북으로 작업하는 건 3주 정도 몰아서 합니다. 그래서 사람들이 노트북으로 원고를 옮기는 기간만 보고 "장재열 작가는 책을 엄청 빨리 쓴다"라고 말하기도 해요. 하지만 사실은 그렇지 않다는 거죠.

하여튼 그래서 이번 책도 베트남 나트랑에 약 15일간 가서 쓰기로 하고 출국했는데요. 세상에, 둘째 날에 키보드가 박살 난 거예요. 그런데 외국이라 한국어 호환되는 자판을 구할 수도 없고, 한국에 돌아가자마자 강연 등 스케줄이 많아서 집필에 몰두할 수 없는 상태였어요.

바다를 멍하니 바라보며 3일을 허비하다가, 오히려 그런 마음을 먹었어요. 이 책에서 내가 제일 강조하고 싶었던 말, '어떻게든 되겠지'라는 마음으로 살아보자. 생각을 자유롭게 해보기 시작한 거죠. 그러다가 휴대폰 음성 녹음을 활용하기로 했습니다.

하루에 세 꼭지씩 녹음해 두고, 그걸 텍스트로 변환해 원고를 완성했어요. '어떻게 하지?'라고 발을 동동 구르기보다, 그냥 마음을 비우고 내려놓으니까 오히려 방법이 생기더라고요. 위기가 기회가 됐달까요? 이번 원고는 특히 이전 책들보다도 더 제 말투 그대로, 귀에 들리는 듯한 톤으로 담긴 것 같아 만족한답니다.

Q4. 실제로 작가님 책은 옆에서 말하는 것처럼, 목소리가 들린다는 이야기가 많아요. 의도한 건가요?

네, 맞아요. 저는 마음을 주제로 한 책은 무엇보다 쉽고 잘 읽혀야 한다고 생각하거든요. 상담을 오래 하다 보니, 사람들이 누구나 마음이 힘들어지면 학력이나 나이와 상관없이 이해력과 문해력이 평소보다 많이 떨어진다는 점을 알게 됐어요. 그래서 그 눈높이에 맞추려고 해요.

쉽고 잘 읽히는 글을 쓰기 위한 저만의 노하우가 하나 있는데, 원고를 다 쓰면 평소 독서와 제일 거리가 먼 제 친구 5명에게 원고를 주고, 이해가 안 되는 부분을 표시해 달라고 부탁합니다. 알바비도 제가 사비로 줘요. 이런 일련의 과정들이 제가 독자와 눈높이를 맞추는 과정이라고도 생각해요. 독자들이 저를 친근하게 느끼도록 실제로 제 목소리와 평소 말투를 구현하려는 이유도 그런 까닭이고요.

아마 제 책이 처음이고, 방송이나 영상으로 저를 전혀 본 적이 없는 독자님이라면 유튜브 등에서 장재열 쳐서 제가 나오는 영상 1편만 보고 다시 책을 읽으면 새로우실 거예요. 마치 음성 지원되듯이 더 또렷이 읽히고 저랑 만나서 대화한 느낌이 드실 테니까요. 그러고 나서 혹여나 강연 등 현장에서 저를 만나면 그때는 거의 뭐, 아는 사람 같은 기분이 드실 거예요.

실제로 지하철 등에서 '어?!' 하고 제 등을 탁, 치는 분이 가끔 있어요. 그런데 저는 누군지 모르니까 '잉?' 놀란 눈으로 보면 제 책을 읽었던 독자분인 경우도 있답니다. 그분은 제가 너무 친근해져서 저는 그분을 모른다는 사실을 잊은 거죠. 그럴 때는 저도 "헐! 독자면 친구죠, 뭐" 하고 하이파이브도 하고 같이 사진도 찍고 그래요.

Q5. 그런 친근함의 바탕에는 자기 스토리를 많이 오픈하는 힘도 큰 것 같은데, 어린 시절이나 청년기에 상처받은 경험이나 병을 겪었던 일을 공개하는 용기가 어디에서 나오는지 궁금해요.

사실 저는 이걸 용기라고 생각해 본 적이 없어요. 예를 들어 학교 폭력? 저는 누굴 때린 사람이어야 부끄럽다고 생각하는데 맞은 사람 입장이잖아요? 나는 잘못한 게 없고 부끄러울 일을 안 했는데 심지어 내가 내 이야기를 꺼냄으로써 누군가에게 힘이 되고, 위로가 되고, 용기가 되기까지 한단 말이죠? 전혀 부끄럽다거나 수치스러울 이유가 없죠.

그리고 아주 예전에 저희 엄마가 제게 그런 말을 해줬답니다. "얘, 너는 상담하는 사람인데 맨날 승승장구만 하면 힘든 사람들 마음을 이해할 수 있을까? 너 같은 애는 고생도 하고 힘든 일도 겪어야지. 그게 너 자산이야." 그때 이후로 좀 더 내 이야기를 솔직하게 오픈하는 게 자연스러운 일이 되기도 했어요. 제가 그러하듯 여러분도 자기 아픔은 부끄러움이 아니라는걸, 오히려 그럼에도 불구하고 이 정도로 잘 커온 나 자신을 대견하게 여기는 게 더 자연스럽다는 걸 깨달을 수 있었으면 하는 마음이에요.

Q6. 나를 대견하게 여기는 마음, 내가 나를 데리고 살아가는 마음들이 참 쉽지 않은데, 어떻게 그런 마음을 먹을 수 있을까요?

저희 가족은 경상남도 태생은 아니지만, 삶에서 가장 긴 시간을 거기서 보냈기 때문에 다소 감정 표현에 서툴다는 특징이 있어요. 가족끼리 사랑한다, 고맙다, 이런 낯간지러운 말도 잘 못하고요. 그런데 안 하면, 점점 더 못해요. 마찬가지로 내가 나한테 안 하면, 점점 못하고, 못하다가 아예 그런 언어와 감각을 잊어버리죠. 그런데 방송을 보면 전문가 선생님들이 가족들이나 부부 솔루션 주실 때 꼭 표현하라고 하잖아요. 소리 내서, 눈을 보고요. 그렇게 강조하시거든요. 개미 목소리로 하면 다시 하라고도 하죠. 그게 나 자신에게도 필요한 거더라고요. 처음에는 확실히 나한테 그런 말을 하기가 어려워요. 그런데 해야 하고, 하다 보면 되더라고요.

Q7. 작가님은 자신을 데리고 앞으로 어떻게 살아가고 싶은가요?

계속 목표는 원대하게, 매일매일은 느슨하게, 대신에 꾸준하게 살고 싶어요. 얼마 전 제가 편집장으로 있는 잡지〈월간 마음건강〉이 창간 1주년을 맞이했는데, 감회가 새롭더라고요. 처음 시작할 때 주변 사람들이 다 저를 만류했거든요. "요즘 출판 시장도 어려운데, 잡지 시장은 더 어렵다. 망하기 딱 좋다. 하지 마라." 이유는 그랬죠.

하지만 제가 이 잡지를 시작한 이유는 〈월간 낚시〉, 〈월간 등산〉, 〈월간 미술〉이 발행되는 것처럼, 마음을 돌보는 행위도 취미나 라이프 스타일로 당연하게 삶에 녹아드는 사회를 만들고 싶어서였어요. 특히 남녀노소, 빈부격차 상관없이 모든 시민이 읽게끔 만들고 싶었죠. 그래서 창간할 때 몇억 벌어야지, 몇만 부 팔아야지, 이런 목표보다 '10년 안에 우리나라 모든 국공립 도서관에서 이 잡지를 읽을 수 있게 하자!'가 목표였어요.

그런데 딱 1년 만에 전국 260개 도서관에 들어가게 됐어요. 물론 아직 e-북이라 전자도서관이긴 하지만요. 10년은 걸리겠다고 생각한 일인데 거의 절반 가까운 성과를 1년 만에 낸 거예요. 국내에 1천 종이 넘는 잡지가 있고 그중 모든 도서관에 정기적으로 들어갈 수 있는 잡지는 80종 남짓이라고 해요. 그런데 고작 1년

밖에 안 된 신생 잡지가 그 안에 들어갈 수 있었던 건, 이런 취지와 목표를 의미 있게 여겨주신 게 아닐까, 싶어요. 또 길게 보고, 서둘지 않고, '목표는 크게' 하지만 기간은 10년으로 길게 잡았기에 하루하루 종종거리지 않고 느슨하게 꾸준히 걸어갈 수 있었던 것 같고요.

아마, 10년 뒤에는 진짜 종이 잡지 형태로도 전국에서 누구나 마음을 돌보는 정보를 얻을 수 있게 되지 않을까요? 어떻게든 될 거 같거든요, 저는. 컴퓨터, 스마트폰(휴대폰) 전혀 못 하는 어르신들까지도 이 잡지를 읽으며 마음을 돌보시는 모습이 그려져요. 가는 과정은 안 그려지는데 결과는 생생하게 그려지니까 '어떻게든 되겠지!' 생각한답니다.

Q8. 작가로서는 어떻게 살고 싶으시고, 인간 장재열로는 어떻게 살고 싶은지요?

책은 사실 언제 더 낼지는 모르겠어요. 2024년부터 《마이크로 리추얼》, 《리커넥트》가 연달아 짧은 시간에 나왔고, 그리고 이 책까지 나온 터라 앞으로도 이 정도의 텀으로 책이 나오지 않을까 기대하는 분들도 많더라고요.

그런데 사실 저는 '진정으로 하고 싶은 말이 있을 때' 책을 쓰는 걸 좋아한답니다. 단지 최근에 쓰고 싶은 주제가 여러 개 나왔던 거죠. 감사하게도 그 주제들이 다 많은 분의 공감을 받고, 베스트셀러가 되면서 다양한 출판사에서 '우리랑 이런 주제로 쓰시면 어떨지?'라는 제안이 오기도 했는데요. 저는 늘 "주제는 제 안에서 나온 것으로 쓰는 타입이라 양해 부탁드립니다"라고 답을 해요. 종이도, 책을 읽는 독자의 돈과 시간도, 나의 시간도 낭비하고 싶지 않아요. 책을 위한 책을 만들고 싶지 않고, 작가로서의 생명 연장이나 제 브랜딩을 위한, 포트폴리오를 위한 책을 만들고 싶지 않아요.

만약, 제가 최근 이 3권을 통해 정말 그간 쌓아온 상담가로서의 경험을 다 쏟아냈고, 쉽게 말해 '이제 밑천이 바닥이 난' 상태라고 느껴진다면, 저는 다시 현장으로 돌아가 상담하든, 박사학위를 공부하러 학교로 가든 내 안에 경험치가 충분히 쌓이고 난 뒤 다시 쓸 거예요. '나 살아있으니 계속 불러주세요'라고 증명하기 위해 했던 말을 반복하는 사람은 되고 싶지 않거든요.

작가로서는 그렇고, 사람으로서는 조금 더 다정한 존재로 살고 싶어요. 나를 만나는 사람들에게도, 나를 좋아하는 사람들에게도, 나를 좋아하지 않는 사람들에게도 지금까지 대했던 모습보다 20%만 더 다정해지고 싶달까요.

그런데 저라는 사람은 그러기 위해서 체력을 잘 관리해야 하더라고요. 저는 전작 중에 《마이크로 리추얼》에서 소개했던 나를 알아가는 글쓰기 기법인 '존재 소개'를 지금도 매일 하고 있는데요. 처음에는 책을 통해 남에게는 권하고 정작 나는 안 하는 게 너무 가식적인 것 같아서 시작했는데, 지금은 그냥 정말 효과를 체감해서 꾸준히 해요.

"나는 _____한 사람이다"

이 양식에 맞춰 하루에 딱 1개씩 나에 대해 떠오르는 대로 휴대폰 메모장에 쓰는 건데요. 그게 어느덧 470가지나 모였어요. 얼마 전에는 ChatGPT에 넣고 "나 매일매일 나에 대해 딱 하나씩 썼는데 이만큼 모였네, 네가 이걸 바탕으로 나에 대해 분석해 줄래?"라고 했더니 뭐라고 답이 왔는지 아세요? "재열 님은 체력이 고갈되면 예민해지는 정도, 타인에게 공격적으로 변하는 정도가 높고, 빈번해요"라고 하더라고요. 실제로 그런 사례도 많아, 무척 공감했고요. 이런 메타 인지를 통해서 나를 좀 더 알아가는 것 같더라고요.

예전에는 '난 왜 이러지?'라고 생각했던 부분들을, 요즘에는 '난 이런 사람인 건 받아들이고, 그럼 이런 장단점이 있는 나라는 애를 데리고 어떻게 세상을 살아가야 할까?' 이렇게 바꿔 생각하다 보니 방향이 잡히더라고요. 다정한 존재가 되려면 저는 충분히 자고, 충분히 먹어야 하는 게 최우선이더군요. 그래서 먹는 것도, 자는 것도, 빈손 산책도 늘 잊지 않고 있답니다.

Q9. 책에 나온 사례자 분들은 어떻게 지내고 계신지도 궁금해요!
아, 맞아요! 들려드려야죠. 안 그래도 얼마 전까지 모두와 긴밀하게 연락을 나누었어요. 책을 만들기 직전까지 사례자 한 분 한 분께 "너의 이야기는 이런 식으로 들어갈 건데 괜찮아?", "사실관계가 틀린 부분이 있어?"라고 확인하는 과정이 필요하거든요. 그러면서 근황까지 같이 여쭈어보는 거죠.

그런데 확실히 이번 책은 '드라마틱한 변화'를 경험한 전작들의 사례자분들과 좀 다른 점이 있다는 걸 느꼈어요. 이번 책의 사례자는 두어 분을 제외하면 '마음이 아파서 상담받으러 온 사람'이 아니잖아요. 제 주변의 친구, 지인들의 보통 일상 이야기였던 만큼 비포애프터가 엄청나게 달라졌다기보다는 수인이와 마찬가지로 '변화가 시작되고 있구나'라는 것을 느낄 수 있었어요.

자신만의 생각에 갇혀서 자꾸 입사 취소를 하던 나리 씨는 여전히 취준생이기는 하지만, 혼자 생각하고 결론을 내리기 전에 주변에 의견을 묻는 과정을 추가한 채 살고 있대요. 자신의 판단이 오판일 수 있음을 늘 상기하면서요. 잠 줄이는 법을 알려달라며 강박에 사로잡혔다가 결국 건강을 해치고 소설가의 꿈을 접었던 경호 씨는 얼마 전부터 다시 글을 쓰기 시작했습니다. 이번에도 언제까지 책을 내고야 말겠다는 데드라인은 정했더라고요. 하지만 30살이라는 타이트한 목표 대신, '이번 생이 끝나기 전'으로 제법 문학가다운 목표를 정해서 서서히 자신을 끌어올리고 있습니다.

건강의 변화를 겪고 삶을 다시 돌아보게 된 친구들도 있었죠? 에어팟을 빼고 뛰기 시작한 윤범 씨는 서서히 자신만의 페이스로 병에서 벗어나 일상으로 돌아오는 중이랍니다. 얼마 전에 만났더니 얼굴이 아주 좋아졌더라고요.

사진작가 지민이는 암 말기보다도 치사율 높은 상태라던 의사 선생님의 우려를 딛고 지금은 뉴욕 대학교에서 예술 치료를 전공 삼아 박사 과정에 진학했답니다. 자신의 뛰어난 예술적 재능을 성공적인 커리어에만 쏟아붓던 그녀가 이제는 자신과 같은 난치병 환자들을 위해 사용하기 시작한 거지요. 여전히 병은 그녀의 곁에 있고, 언제든 다시 나빠질 수 있지만 그런 순간이 와도 '멀리 생각하지 않고' 오늘만 바라보며 다시 또 회복할 수 있을 거라는 믿음을 가진 채 말이죠.

너무 많은 업무에 짓눌려 자신을 돌볼 틈 없이 게임이나 유튜브로 간신히 상황을 피해 왔던 '너무 일 잘해서 문제인 두 사람', 조운희 과장님과 인철은 제가 '주요 인물'로 생각하고 틈틈이 안부를 체크 체크! 했는데요. 조운희 과장님은 웬걸. 수인만큼이나 변화하기 어려울 거라 걱정했는데 이젠 자신만의 시간을 가지는 데 점점 익숙해지고 있더라고요. 얼마 전에는 거의 20년 만에 '일 감을 안 싸 들고' 동남아에 여행도 다녀오셨고요. 모두 정도의 차이는 있었지만, 어제보다는 오늘, 조금은 더 자신에게 시선을 둔 채 돌보고 있었어요.

아참! 실버타운을 가네 마네 하던 소개팅 올인녀, 제 친구 선주 기억하시죠? 얼마 전에 딸을 낳았답니다! 임신은 결혼 시기의 패착(?)을 교훈 삼아 생각도 긴장도 내려놓고 하루하루 보냈더니 한 번에 예쁜 천사를 만났다나요. 남편도 아이도 만날 때가 되면 만날 것을 왜 그렇게까지 동동거렸었나 30대 때의 자기 성격이 아득히 다른 남 같이 느껴진대요.

Q10. 마지막으로 독자들에게 전하고픈 말이 있다면요?
저는 앞에서도 말씀드렸지만, 정말 책을 쓰면서 제 앞에 독자 한 분 한 분이 있다고 생각하며 씁답니다. 눈을 마주칠 순 없지만,

눈을 마주치고 있다고 생각하며 써요.

그래서 진심으로, 두 손 꼭 맞잡고, 눈을 마주치며, 마음을 담아서 말하고 싶어요. 지금까지 애써왔고, 앞으로는 어떻게든 될 겁니다. 그러니까 이제는 조금만 더 나 자신에게 관대해졌으면 좋겠어요. 지금까지 애써온 노력이 토양이 되고, 앞으로 조금 내려놓고 살아가는 태도가 햇빛과 수분이 되어, 당신의 꽃은 분명히 당신의 계절에 피어날 거예요. 위로도 힐링도, 립서비스도 아닌 세상의 이치를 말한 거예요. 봄꽃도, 여름꽃도, 가을꽃도, 겨울꽃도 있잖아요. 겨울에 필 꽃인데 애쓰고 발 동동거리며 더 많은 물을 붓고, 더 강한 햇볕을 쬔다고 여름에 필까요? 아니죠. 오히려 뿌리가 썩거나 피지 못하고 말라 죽을 뿐이에요.

어쩌면 우리는 가을꽃이나 겨울꽃일 수 있잖아요. 당신의 계절은 분명히 찾아오니까. 딱 오늘 하루치의 물을 주고, 햇볕을 주자고요. 그렇게만 한다면 절대로, 절대로 당신은 땅속에서 사라지듯 피지 못하고 주저앉지 않을 거예요. 당신이 성공을 바라든, 가정을 꾸리길 소망하든, 행복한 인간관계를 원하든 조금만 내려놓고, 대신 멈추지만 말고 걸어가면 분명 당신이 만나고픈 그 삶의 장면은 꼭 찾아올 거예요. 반드시.

장재열

'아프고 나서 치료하는 사회가 아니라, 아프기 전에 스스로 알아차릴 수 있는 사회'를 꿈꾸며 한국 사회에서 '마음건강 예방'이라는 새로운 분야를 개척해 온 상담가이자 작가.

유년 시절 가난을 이유로 11년간 학교 폭력을 겪으며, '누구에게도 지지 않는 사람이 되고 싶다'라는 마음을 품은 채 치열하게 달려왔다. 그러나 서울대를 거쳐 삼성 인사담당자로 일하던 28세 겨울, 우울증과 공황 장애로 삶이 무너졌다. 그때 글쓰기 치료를 처방받아 블로그에 자문자답 글쓰기를 시작했고, 2030 청년들의 폭발적인 공감을 얻으며 800만 조회수를 기록했다.

이 경험을 계기로 '나와 비슷한 고민을 겪는 사람들이, 혼자 아파하다 끝자락까지 가지 않도록' 돕고 싶어, 대한민국 최초 비대면 상담 NGO 〈청춘상담소 좀놀아본언니들〉을 설립해 12년간 약 4만 5천 명의 청년을 상담했다. 또한 정부 지자체와 함께 '마음건강'이라는 단어를 처음 행정 용어로 사용하여 정신 건강이라는 단어의 문턱을 낮추었음은 물론, 서울시 청년 마음건강 박람회 총감독, 보건복

지부 청년특위 민간위원, 지드래곤의 JUSPEACE 재단 자문위원 등을 맡으며 사회적 인식 변화를 이끌었다.

'변화는 힐링이 아니라 행동에서 시작된다'라는 신념 아래 누구나 따라 할 수 있는 실천적 테라피를 개발해 온 저자는 현재 국내 최초 마음건강 예방 매거진 〈월간 마음건강〉 편집장으로서, 일상에서 마음을 돌보는 방법을 큐레이션하고 있다.

저서로는 《오늘도 울지 않고 살아낸 너에게》, 《사직서에는 아무도 진실을 말하지 않는다》, 《마이크로 리추얼: 사소한 것들의 힘》, 《리커넥트》 등이 있다.

오프 먼트

초판 1쇄 인쇄	2025년 10월 21일
초판 1쇄 발행	2025년 10월 27일
지은이	장재열
책임편집	양수인
교정교열	양서현
디자인	스튜디오 포비
책임마케팅	최혜령, 박지수, 도우리, 양지환
해외사업	한승빈, 박고은
마케팅	콘텐츠 IP 사업본부
경영지원	백선희, 권영환, 이기경, 최민선
제작	제이오
펴낸이	서현동
펴낸곳	㈜오팬하우스
출판등록	2024년 5월 16일 제2024-000141호
주소	서울특별시 강남구 테헤란로 419, 11층 (삼성동, 강남파이낸스플라자)
이메일	info@ofh.co.kr

ⓒ 장재열

ISBN 979-11-94979-71-5 (03190)

- 이 책은 저작권법에 따라 보호받는 저작물이므로 무단전재와 무단복제를 금지하며, 이 책 내용의 전부 또는 일부를 이용하려면 반드시 저작권자와 ㈜오팬하우스의 서면동의를 받아야 합니다.
- 책값은 뒤표지에 표시되어 있습니다.
- 잘못된 책은 구입하신 서점에서 바꿔드립니다.